Thuis

Valiz, Amsterdam

interviews interviews: Hans van der Beek
fotografie photography: Kees Hummel
met with Arjan van Veelen

At home

Heren 5 architecten

Inhoud

Contents

Thuis

'Als verzekeringsadviseur kom ik graag bij de mensen thuis', luidde de slagzin in een televisiereclame voor verzekeringen van enkele jaren geleden. De spotjes waren grappig bedoeld, maar hadden ook een serieuze boodschap: om een professioneel en gefundeerd advies te kunnen geven, moet je de specifieke omstandigheden en wensen kennen en een huisbezoek is dan een waardevolle kennisbron.

Moet dat niet ook voor de architect gelden? Immers, de architect die woningen ontwerpt, grijpt diep in het leven en in het 'thuis' van de bewoners in. Hij zou dus goed op de hoogte moeten zijn van wat 'thuis' voor mensen betekent. Is dat ook zo? Natuurlijk, als je een woning ontwerpt voor een particulier kan een enerverende en leerzame band tussen opdrachtgever en ontwerper ontstaan. Maar dat is een uitzondering. De regel bestaat uit woningbouw in opdracht van corporaties of projectontwikkelaars, voor bewoners die je niet kent met een stijl van leven die je evenmin kent. Nee, een architect komt niet zo vaak bij de mensen thuis.

Gelukkig maar, hoor je wel eens verzuchten, met een verwijzing naar het tijdperk van de inspraak in de jaren zeventig en tachtig. Vooral de uitwassen uit die tijd zijn blijven hangen, zoals het beeld van onderdanige architecten die alleen maar het potloodje vasthouden terwijl de insprekende burgers roepen hoe het moet worden. Die architectuur van 'men vraagt en wij draaien' hoeven we niet terug.

Nog weer langer geleden ontleenden de architect en de stedenbouwkundige hun denkbeelden over het wonen aan de ideologische stroming waartoe ze behoorden. Emancipatie,

At home

'As an insurance advisor, I enjoy visiting people's homes,' went the slogan of a television advert for insurance from a few years ago. The adverts were intended to be amusing, but they also had a serious message: to give professional and reliable advice, you need to understand the particular circumstances and requirements, so a home visit can be an important source of information.

Shouldn't the same also apply to architects? After all, the architect who designs houses has a significant impact on the life and the 'home' of the occupants. So, the architect should really be up to speed with what 'home' means for people. Is this actually the case? Of course, when you're designing a house for a private individual, it is possible for a stimulating and educational bond to develop between the client and the designer. But such a situation is the exception. The norm is house construction commissioned by corporations or project developers, for occupants you don't know, who have a lifestyle that you don't know either. No, an architect doesn't really visit people's homes all that often.

Which is just as well, you'll sometimes hear people say with a sigh of relief, thinking back to the 1970s and 80s, the time of public consultation. Some undesirable after-effects from that time lingered around, such as the image of the humble architects just holding onto their little pencils as the citizens dictate the way it should be. That kind of 'you say jump and we ask how high' architecture is something that we were glad to see the back of.

Before that, architects and town planners took their

maatschappelijke deelname, gemeenschapszin, geborgenheid, de waarden van het gezin, het goede wonen: iedere levensbeschouwing had eigen principes over 'thuis' die houvast boden bij het ontwerp. Die tijd is voorbij. De ideologie is verdwenen of ondergronds gegaan.

Maar wat ervoor in de plaats is gekomen, stemt ook niet altijd vrolijk: het dictaat van ideologie en inspraak is vervangen door marktonderzoek. De wensen van bewoners worden gefilterd via 'woonwensenonderzoek' of 'leefstijlenonderzoek', en de filters zijn vaak zó afgesteld dat de verscheidenheid aan wensen en dromen wordt versimpeld en afgevlakt naar het grauwe midden. Met als uitkomst de makelaarswijsheid: 'De mensen willen nu eenmaal gewoon een huis met een tuin.'

Als je dit advies klakkeloos opvolgt, krijg je woonomgevingen die Wytze Patijn treffend omschreef als 'patat en cola' – het wordt het meest gegeten maar smaakt het minst.[1] Bovendien hospitaliseert het mensen in hun keuze voor een nieuwe woning. Ogenschijnlijk hebben ze een vrije keuze, maar ze kunnen alleen maar kiezen tussen vijf soorten cola en vier soorten patat.

Wij denken dat de voorkeuren van bewoners gevarieerder en genuanceerder zijn. En dus moeten variatie en nuance een belangrijk onderdeel zijn in de ontwikkeling en het ontwerp van woningen en woonomgevingen. Zoals in de flaptekst van het boek *Leefstijlen. Wonen in de 21e eeuw* wordt verwoord: 'Iedereen woont, alleen of samen. De een in een villa, een ander in een portiek. Waar men woont, groot of klein, in de stad of buiten, met een tuin of twintig hoog, in een huis of een pension, op het land of op een schip, wordt niet alleen

notions about living from the ideological school that they belonged to. Emancipation, social participation, community spirit, security, family values, good living: every life philosophy had its own principles on 'home' that provided the focus for the design. That time has gone. Ideology has disappeared or gone underground.

However, what has taken its place does not always make people happy: the dictates of ideology and consultation have been replaced by market research. The desires of occupants are filtered by research into the way people want to live and research into their lifestyle, and those filters are often set in a way that simplifies the wide variety of desires and dreams, reducing everything to a lowest common denominator. The result of this is the estate agent's mantra: 'People just want a house with a garden.'

If you follow this recommendation unthinkingly, what you end up with is living environments that former State Architect Wytze Patijn has aptly termed 'chips and cola' – the most common choice, but also the least tasty one.[1] On top of this, it conditions people in their choice of a new house. It appears that they have free choice, but in actual fact they can only choose between five sorts of cola and four sorts of chips.

We believe that the preferences of occupants are more varied and subtle than that. And that variation and subtlety should therefore be an important component of the development and design of houses and living environments. As expressed in the blurb for the book *Leefstijlen. Wonen in de 21e eeuw* (Lifestyles. Living in the 21st Century): 'Everyone lives, alone or together. One person lives in a villa; another lives in a doorway. Where one lives, be it large or

bepaald door financiële factoren. Niet iedereen wil het liefst een vrijstaand huis in een villawijk. Culturele voorkeuren en sociale overwegingen spelen een belangrijke rol bij de keuze van de woning en de woonomgeving. Als er wat te kiezen is; het aanbod aan woningen en woonmilieus bepaalt in hoge mate of woonwensen gerealiseerd kunnen worden.'[2]

Toen we in 1991 begonnen met het bureau Heren 5, waren we vooral geïnteresseerd in de plek en het architectonische beeld. Bij iedere opgave proberen we het ontwerp als vanzelfsprekend op zijn plek te laten landen, alsof het er altijd al heeft gestaan.

De loods met bedrijfswoning op het bedrijventerrein Westerveer, die wij in 1992 ontwierpen als een van onze eerste opdrachten, is zo'n locatiespecifieke sculptuur.

We leerden de opdrachtgevers Co en Wilma Albers kennen als mensen met uitgesproken wensen, maar ook met een groot vertrouwen in ons vakmanschap. Wij maakten een ontwerp, zij waren akkoord, de woning werd gebouwd. En toen begon voor ons de leerschool pas echt. Want meteen nadat de woning, in keurig modernistische stijl, was opgeleverd, begonnen Co en Wilma het interieur weer helemaal onder handen te nemen. We schrokken: hadden we hen verkeerd begrepen? Hadden we iets gemaakt wat ze helemaal niet wilden, en waren ze nu bezig dat te corrigeren? Maar dat was niet zo. Ze waren heel tevreden, en nu gingen zij verder waar ons werk was opgehouden. Het maken van een thuis gaat door, ook – of juist – als de architect klaar is.

Gaandeweg, toen we woningbouwopdrachten in nieuwbouwwijken kregen, beseften we dat mooie plekgebonden

small, in the city or in the countryside, with a garden or on the twentieth floor, in a house or in lodgings, in the country or on a barge, is not determined only by financial factors. Not everyone's ideal is a detached house in an exclusive neighbourhood. Cultural preferences and social considerations play an important role in the choice of the house and the living environment. That's if there is a choice; the available houses and living environments play a large role in determining whether housing desires can become reality.'[2]

When we opened the Heren 5 offices in 1992, our focus was mainly on location and architectural appearance. In every assignment we try to blend the design with the location as seamlessly as possible, as though it's always been there.

The industrial unit-cum-house on the Westerveer industrial estate, which we designed in 1992 as one of our first assignments, is a location-specific sculpture built in this spirit. We came to know the clients Co and Wilma Albers as people who had explicit desires, but who also showed a great deal of trust in our professional expertise. We came up with a design; they agreed; the house was built. And only then did the learning process really begin for us. Because immediately after the house, designed in a perfectly modernist style, was handed over, Co and Wilma began a complete reworking of the interior. It gave us quite a turn: had we understood them incorrectly? Had we done something they really didn't want us to do, and were they now working to correct it? But that wasn't the case. They were completely satisfied and they were just continuing where our work had stopped.

gebouwen niet genoeg zijn; we ontwerpen niet alleen voor een locatie maar ook voor mensen. Onze aandacht voor het beeld verschoof naar datgene wat je niet kunt zien: 'de geest van de plek'. En naar het even ongrijpbare begrip 'wonen'.

Om hier meer over te weten te komen, organiseerden we in 1996 een reeks architectencafés met sprekers en discussie. Arnold Reijndorp sprak over de relatie tussen het buurtgevoel en de homogeniteit van zijn bewoners, en hoe deze in de tijd verandert. Hij vergeleek het met het veranderende vakantiegedrag. Stonden mensen vroeger jaar in jaar uit met een stacaravan op een familiecamping aan de Costa del Sol waar ze iedereen kenden, nu brengen ze hooguit twee nachten door op een doorgangscamping in de Dordogne, waar het contact met de buurman puur pragmatisch is ('Hebt u een zwaardere hamer voor de haringen?'). En Gerard Anderiesen verwoordde de kernvraag: 'Bij een goeie buurt gaat het hierom: wat is het meer dan een verzameling huizen?'

Meer dan een verzameling huizen, dat was de opgave die we onszelf stelden toen we in 1997 meededen aan een competitie voor driehonderd woningen in Floriande, de Vinex-locatie in Hoofddorp. 'Je wint alleen als het plan er niet als een Vinex-wijk uitziet', vertelde de gemeente vooraf. Een Vinex-wijk is een wijk die bestaat uit straten met de auto voor de deur, rijtjeshuizen, rijtjestuinen en daartussen een smal tegelpad, met schuurtjes en poorten, zo besloten wij. Zó moest het dus niet.

We kozen twee uitgangspunten: de wens om bewoners meer te betrekken bij hun woonomgeving, en het omringende polderlandschap van de Haarlemmermeer met zijn vergezichten en strak gesneden sloten. Vervolgens bedachten we

The creation of a home continues even when the architect has finished, or maybe that's actually the very moment when it begins.

Gradually, when we received assignments for the construction of buildings in new housing developments, we came to realise that it's not enough to design beautiful buildings that fit in well; we're designing not only for a location but also for people. Our attention to the appearance shifted to that which cannot be seen: 'the spirit of the place'. And to the equally ungraspable concept of 'living'.

In 1996, to find out more about this, we organised a series of architect cafés with speakers and discussions. Arnold Reijndorp spoke about the relationship between the neighbourhood spirit and the homogeneity of its residents, and how this has changed over time. He compared it with the changes in the way people spend their holidays. Whereas people used to stay, year after year, in a caravan on the same family campsite on the Costa del Sol where they knew everyone, now they'll spend a maximum of two nights at a campsite on the way through the Dordogne, where any contact with the neighbours is for purely practical purposes ('Have you got a bigger mallet for the tent pegs?'). And Gerard Anderiesen put the key question into words: 'In a good neighbourhood, it's all about: what makes this more than a collection of houses?'

More than a collection of houses – that was the assignment we gave ourselves in 1997 when we took part in a competition to design three hundred houses in Floriande, the Vinex site in Hoofddorp. 'You'll only win if the plan doesn't look like a Vinex estate,' the council said beforehand. A Vinex

'De Collectieve Tuin'. In ons ontwerp kregen de woningen relatief kleine privé-tuinen of privé-terrassen, grenzend aan een grote collectieve tuin. Daarmee voegden we een extra laag toe aan het wonen in de buurt: de eigen tuin is het verlengde van de woonkamer, en de collectief beheerde ruimte is het verlengde van de privé-tuin. De collectieve tuin is de huiskamer van de buurt. Je zou kunnen zeggen: de buurt is een tuin waarin de woningen te gast zijn.

Het idee werd niet zomaar geaccepteerd. De opdracht-gever wees op marktonderzoek waaruit zou blijken dat de gemiddelde Hoofddorper gewoon een huis met een tuin wil en niet zit te wachten op collectief groen. Maar dat was nou juist het probleem met Vinex-wijken, en deze wijk moest anders zijn! Juist door uiteenlopende, specifieke buurten te ontwerpen, bied je mensen een echte keuze, zo betoogden we.

De opdrachtgever werd enthousiast toen we uitlegden dat ons ontwerp beantwoordde aan hedendaagse eisen: het collectieve woonmilieu komt niet voort uit het nostalgisch idealisme van de jaren zeventig, maar schept kansen op het gebied van comfort, veiligheid, identiteit en status.

Terwijl we in Floriande in een relatief lege polder bouwden, en er dus min of meer sprake was van een *tabula rasa*, gaat het bij het Vissershop om een bestaand dorp, een arbeiders-dorp uit 1914. Het dorp moest nodig worden gerenoveerd, en wij werden in het najaar van 1999 uitgenodigd om daarop een visie te formuleren ten behoeve van de architectenselectie.

Toen we er de eerste keer gingen kijken, noteerden we voor onszelf de stedenbouwkundige kenmerken: het Vissers-hop ligt verstopt achter de Zuiddijk, als een enclave, een prachtig stedenbouwkundig ensemble met mooie geknikte

estate is an area of new development consisting of streets with cars in front of the door, rows of houses, rows of gardens with narrow flagstone paths between them, with sheds and gates, we decided. So, that was the way it shouldn't be.

We based our work on two principles: the desire to involve residents more closely in their surroundings, and the surrounding polder landscape of the Haarlemmermeer with its wide prospects and sharply cut ditches. The result was 'De Collectieve Tuin' (The Collective Garden). In our design the houses were given relatively small private gardens or terraces, bordering on a large collective garden. This meant that we added an extra layer to living in the neighbourhood: the private gardens are an extension of the living room, and the collectively managed space is the extension of the

private garden. The collective garden is the sitting room of the neighbourhood. You could say: the neighbourhood is a garden where the houses are guests.

The idea wasn't accepted just like that. The client referred to market research that supposedly showed that the average citizen of Hoofddorp just wanted a house with a garden, and wasn't desperate to have shared green space. But that was precisely the problem with Vinex estates, and this area was supposed to be different! We argued that by designing diverse, individual neighbourhoods, we were giving people a real choice. The client became enthusiastic when we explained that our design was a response to modern-day demands: the collective living environment does not arise from the nostalgic idealism of the 1970s, but creates opportunities for comfort, security, identity and status.

straten, intieme en kleinschalige profielen en straten die de namen van de aanwezige bomen dragen.

Maar even belangrijk was de sociale karakterschets. Terwijl we daar liepen, schoven meteen de gordijnen opzij, en binnen twee minuten wist iedereen dat er vreemden op het Hop waren. Het Vissershop is geen officieel monument, maar 'het Hop' is voor iedere Zaandammer een begrip. Inmiddels woont hier de vierde generatie 'Hoppers', die niet van plan is zomaar in een nieuwbouwwoning te gaan wonen. Het is duidelijk: het Hop en de Hoppers zijn veel meer dan alleen een verzameling huizen.

En dus noteerden we die dag ook zinnetjes die de basis zouden vormen voor een visie op het Nieuwe Vissershop, zoals: 'De bomen zijn de straatnamen', 'Voetballen kijken we op straat', 'Bemoeibankjes in de voortuin', 'Naar de kapper om de hoek', 'Duiventillen en windmolens', 'Me neef woont op nummer 18', 'We kiezen het mooiste kerstraam' en 'De krant is van de overburen'.

In ons ontwerp wilden we het collectieve geheugen voor deze plek laten voortbestaan. We ontwierpen geen nieuwe buurt, maar een nieuw dorp met een oud gevoel: nieuwe woningen binnen de bestaande rooilijnen, met dezelfde pittoreske schaal van de straatprofielen. De woonkamers hebben grote ramen aan de straat en de voortuinen met bemoeibankjes zijn in ere hersteld. De icoon van de arbeiders- buurt is zijn architectuur: gevels van metselwerk, een man- sardekap van rode keramische dakpannen en dikke witte houten kozijnen.

De collectieve ruimte als woonomgeving is niet alleen relevant voor woonbuurten, het is ook een belangrijk thema

In Floriande we were building on a relatively empty polder, so it was more or less a *tabula rasa*, whereas our Vissershop project focused on an existing village, a workers' village dating from 1914. The village needed to be renovated, and during the architect selection procedure in autumn 1999 we were invited to submit a proposal for the design.

When we first went to have a look, we made a note for ourselves of its urban features: the Vissershop is tucked away behind the Zuiddijk, like an enclave, a marvellous urban ensemble with beautiful angled streets, cosy and small-scale contours and streets that are named after the local trees.

But our sketch of the social character was just as important. While we were walking around, the curtains immediately twitched open and within two minutes everyone knew that strangers were at the Hop. The Vissershop is not an official monument, but the 'Hop' means something to all the residents of Zaandam. The fourth generation of 'Hoppers' is now living here and they weren't prepared to move to a new housing development just like that. It's clear that the Hop and the Hoppers are much more than just a collection of houses.

And so that day we noted down the phrases that would form the basis of our vision for the new Vissershop, such as: 'The trees are the street names', 'Watching football in the street', 'Busybody benches in the front garden', 'Going to the hairdresser round the corner', 'Pigeon lofts and windmills', 'My cousin lives at number 18', 'We vote for the most beauti- ful Christmas window' and 'I get the newspaper from my neighbours over the way'.

In our design we wanted the collective memory of this place to live on. We didn't design a new neighbourhood, but

in de opdracht voor de nieuwbouw van een groot bouwblok in Amsterdam-Zuidoost (2002). Ditmaal haalden we onze inspiratie uit één pakkend beeld dat voor ons de essentie van de opgave samenvatte. Een oud-directeur van de Amsterdamse kunstacademie vertelde ons over een project waarbij hij kinderen hun eigen huis liet tekenen. Een van hen was een meisje met lange zwarte vlechten uit een Bijlmerflat. Zij tekende de galerij, de lift en de centrale hal als onlosmakelijk deel van haar woning: 'Ons huis heeft een hal, dit is de lift, dat de galerij met onze voordeur en we hebben een grote schoorsteen op het dak.'

Thuiskomen via de collectieve ruimten hoort wezenlijk bij de beleving van haar huis: dat besef hebben we tot leidmotief van ons ontwerp gemaakt. Het ontwerp met royale entrees en binnenruimten in de vorm van opgetilde buurtjes moet antwoord geven op de vraag: hoe kom je thuis in zo'n groot gebouw en welke alternatieven bestaan er voor entrees met bellenborden als enorme landkaarten, kille betegelde lifthallen en lange betonnen galerijen waar je niemand kent?

In tien jaar veldwerk hebben we woningbouwplannen gemaakt die variëren van anoniem stedelijk wonen in een loft in de Amsterdamse Pijp, tot een buurt waar de buren op elkaars kinderen letten en kopjes suiker lenen. Telkens proberen we de 'ziel' van de plek te raken. We 'proeven' de plek en zijn bewoners, of beelden ons die in.

Onze aandacht richt zich niet zozeer op de architectuur van de woningen zelf, als wel op de ruimte tussen de woningen. 'Thuis' ben je immers niet alleen in huis maar ook daarom-

a new village with an old feel: new houses within the existing street pattern, with the same attractive scale to the street. The living rooms have large windows onto the street and the front gardens with their busybody benches have been reinstated. The symbol of this workers' neighbourhood is its architecture: brick façades, mansard roofs with red ceramic tiles and thick white wooden frames.

The idea of collective space as a living environment is not only relevant for residential estates, it was also an important theme in our commission for the new development of a large block in Amsterdam-Zuidoost (2002). This time we took our inspiration from one fascinating image that, for us, summed up the essence of the assignment. An ex-director of the Amsterdam art academy told us about a project in which he had children draw their own house. One of them was a girl with long black plaits from a block of flats in the Bijlmer area of Amsterdam. She drew the walkway, the lift and the central hallway as an inseparable part of her home: 'Our house has a hallway, this is the lift, that's the walkway with our front door and we have a big chimney on the roof.'

Coming home via these shared spaces is an essential part of her perception of her house: we made this notion the main theme of our design. The design with its spacious entrance halls and interior spaces like vertical neighbourhoods is intended to answer the question: how does such a large building represent home and what alternatives are there to entrances with boards of doorbells that look like enormous maps, cold tiled lift lobbies and long concrete walkways where you know no one?

heen. En terwijl bewoners nog jarenlang vrijelijk kunnen doorgaan met veranderingen binnen de woning, zoals Co en Wilma Albers doen, ligt de ruimte tussen de woningen veel meer vast zodra deze eenmaal is ontworpen en aangelegd. De taak van de architect heeft daar dus een extra gewicht.

Bij het ontwerpen van deze ruimte stellen we onszelf vragen als: van wie is deze ruimte, wie beheert haar; als je in deze ruimte staat, ben je dan al 'binnen'; kunnen bewoners deze ruimte inpikken; en: welk deel van de woonomgeving moet aan redelijke eisen van welstand voldoen en welk deel niet. Met dergelijke vragen proberen we de toekomstige beleving van de buurt te benaderen.

Deze aanpak werkt niet alleen voor onszelf, zo merken we in het onderwijs aan architectuurstudenten. Hun plannen winnen aan identiteit en diepgang zodra we hen aan de hand van vergelijkbare vragen stimuleren om hun doelgroep te omschrijven en zich erin in te leven.

Om onze werkwijze verder te onderbouwen, hebben we in 2004 een enquête gehouden onder alle 620 huishoudens in 'onze' woningen. Zo komen we erachter waarom mensen voor onze woningen vallen, welke veranderingen ze aanbrengen, waarop ze trots zijn in hun woonomgeving en hoe ze die omschrijven aan iemand die deze niet kent.

'Wanneer je op het dakterras zit en je hoort de meeuwen, de boten en de stemmen op het water, je kijkt naar de lucht en het huis, dan krijg je het ultieme eilandgevoel', vertelde een bewoner van het project Borneo-Sporenburg in Amsterdam in de enquête. Zo'n uitspraak vertelt ons dat onze aanpak heeft gewerkt. De 'identiteit' van de omgeving die wij voor ogen hadden, wordt herkend. Soms wordt deze aanpak zelfs

In ten years of professional practice we have made construction plans that vary from anonymous urban living in a loft in the Amsterdam Pijp area to a neighbourhood where the neighbours take care of each other's children and borrow cups of sugar. In every case we try to touch the 'soul' of the place. We try to get a feel for the place and its inhabitants, and imagine what it is like to live there.

Our attention is directed not so much at the architecture of the houses themselves as at the space between the houses. After all, it's not only the house that represents 'home', but also the immediate surroundings. And whilst residents are free to carry on with alterations within the house for years to come, as Co and Wilma Albers are doing, the space between the houses is much more fixed as soon as it has been designed and built. So, the task of the architect has extra importance in this part of the process.

When designing this space we ask ourselves questions such as: who does this space belong to? Who manages it? When you stand in this space, do you feel that you are 'inside'? Can residents feel an attachment to the space? And, also, which parts of the living environment have to conform to official regulations on the external appearance of buildings? Questions like these help us to address the way the neighbourhood will be perceived in the future.

This approach does not only work for ourselves, as we have noted when teaching architecture students. Their plans gain in identity and depth whenever we use similar questions to encourage them to define and empathise with their target group.

In 2004, to further underpin our working methods, we carried out a survey of all 620 families in 'our' houses.

nog niet goed genoeg geacht, getuige de reactie van een bewoner van De Collectieve Tuin in Hoofddorp: 'Ik ben trots op het idee van de gemeenschappelijke tuin. De uitvoering is helaas anders.'

De enquête fungeert als een evaluatie maar ook als contra-expertise. We kunnen ons nu bij volgende opdrachten óók op onderzoek beroepen, als een effectief middel om de dooddoeners van bestaand onderzoek en de geijkte interpretatie van wetten en regels te pareren.

We hebben niet het idee dat we met onze visie de samenleving kunnen maken, maar we kunnen wel buurten ontwerpen die appelleren aan een beleving die aankomende bewoners herkennen en waarbij ze zich betrokken voelen. En waar ze bovendien zelf voor kunnen kiezen.

This enabled us to find out why people choose our houses, what changes they introduce, what they are proud of in their living environment and how they describe it to someone who doesn't know it.

'When you sit on the roof terrace and you can hear the sea-gulls, the boats and the voices out on the water, when you look at the sky and the house, then you get the ultimate island feeling,' said a resident of the Borneo-Sporenburg project in Amsterdam during the survey. A statement like this tells us that our approach has worked. The 'identity' of the environment that we had in mind has been recognised. And sometimes the approach is recognised, but considered not yet to have been a complete success, judging by the reaction of a resident of De Collectieve Tuin (The Collective Garden) in Hoofddorp: 'I'm proud of the idea of the shared

We zijn als architecten niet meer bang voor wat Stewart Brand ironisch noemde 'het traumatische ogenblik waarop de bewoners in het gebouw worden toegelaten'.[3] We herinneren ons allemaal nog de omgeving waarin we onze jeugd hebben doorgebracht. Die woonomgeving maakt kennelijk veel indruk, en dat zal vermoedelijk ook het geval zijn met de buurten die wij nu ontwerpen. Wij hopen later de mensen te ontmoeten die verhalen kunnen vertellen over hoe zij hun jeugd in 'onze' buurten hebben beleefd.

Onze nieuwsgierigheid naar deze verhalen heeft ook de opzet van dit boek bepaald. Projectdocumentatie heeft letterlijk een plaats op de achtergrond gekregen, terwijl het hart van het boek is gewijd aan het 'thuisgevoel' van de bewoners van onze projecten. Zij zijn vrijmoedig

garden. The reality, however, is a different matter.'

The survey functioned as an evaluation, and also as a second opinion. In future assignments, we will also be able to refer to research, as an effective way to counter the twin spectres of existing studies and the standard interpretation of laws and regulations.

We do not believe that our vision can shape society, but what we can do is design neighbourhoods that correspond to the expectations of prospective residents and with which they will feel involved. And, what's more, neighbourhoods that they themselves can choose to live in.

As architects, we are no longer afraid of what Stewart Brand ironically referred to as 'the traumatic instant of letting users into a building'.[3] All of us remember the area where we

geportretteerd door journalist Hans van der Beek en door de fotografie van Kees Hummel en Arjan van Veelen.

Wij hebben met de ontwerpen ons gevoel voor de plek en het 'thuis' vormgegeven. De portretten vertellen hoe de bewoners dit interpreteren en in bezit nemen om er hun eigen 'thuis' van te maken. In dit boek staan hun verhalen centraal, de verhalen die je te horen krijgt als je echt bij de mensen thuis komt.

Ed. Bijman, Jan Klomp, Bas Liesker

1 Wytze Patijn in de Pyramide-lezing 1998. Zie: *Cobouw*, 5-3-1998.
2 Arnold Reijndorp, Vincent Kompier en Luit de Haas (red.), *Leefstijlen. Wonen in de 21e eeuw*, NAi Uitgevers, Rotterdam 1997.
3 Geciteerd in: Fred Feddes, 'Het rekkelijke huis', in: *Nieuw engagement in architectuur, kunst en vormgeving* (Reflect #01), NAi Uitgevers, Rotterdam 2003, p.180.

spent our youth. That living environment obviously makes a large impression, and that will presumably also be the case with the neighbourhoods that we are designing now. We hope later to meet people who will tell us stories about how they spent their youth in 'our' neighbourhoods.

Our interest in these stories has also determined the design of this book. Project documentation has literally been allocated a place in the background, whilst the heart of the book is dedicated to the concept of home held by the occupants of our projects. They have been candidly portrayed by journalist Hans van der Beek and photographers Kees Hummel and Arjan van Veelen.

Our designs have given shape to our feelings about location and about 'home'. The portraits show how the occupants interpret and process this in the making of their own 'home'. Their stories are the central focus of this book, the stories that you get to hear when you actually visit people's homes.

Ed. Bijman, Jan Klomp, Bas Liesker

1 Wytze Patijn in the Pyramide-lecture 1998. See: *Cobouw*, 5-3-1998.
2 Arnold Reijndorp, Vincent Kompier and Luit de Haas (eds), *Leefstijlen. Wonen in de 21e eeuw*, NAi Publishers, Rotterdam 1997.
3 Quoted in: Fred Feddes, 'The lenient house', in: *New commitment in architecture, art and design* (Reflect #01), NAi Publishers, Rotterdam 2003, p. 176.

Enquête

Nieuwsgierigheid naar de beleving van de woning en woonomgeving leidde Heren 5 in mei en juni 2004 tot een enquête onder alle 620 bewoners van de door Heren 5 gebouwde woningen. Tweeënnegentig bewoners stuurden hun vragenformulier, vergezeld van foto's, werkstukken en tekeningen, terug. De resultaten van de enquête zijn te zien op www.heren5.nl/nieuws/enquete. Hiernaast vindt u een doorsnede van de vragen en antwoorden.

Survey

In May and June 2004, their interest in people's perception of their houses and surroundings led the architects of Heren 5 to carry out a survey of all 620 inhabitants of houses built by their firm. Ninety-two residents returned the survey, accompanied by photos, essays and drawings. The results of the survey can be seen at www.heren5.nl/nieuws/enquete. Below is a representative sample of the questions and answers.

Waarom bent u tevreden dan wel ontevreden met uw woning?

Kloostertuinen
– Naar boven toe geven de twee trappen in elkaars verlengde een spectaculair hoogtegevoel. De ruimtes boven passen precies.
– De hond voelt zich zeer goed thuis. Ook 's nachts woelt hij van boven naar beneden. Zijn stemming is prima in vergelijking met vorige huizen.
Borneo/Sporenburg
– Extreem stil huis. Het is ook heel privé. Aangezien de straat hier echt 'het dorp' betekent, is het soms wel zo prettig om je in je huis terug te kunnen trekken.

Why are you satisfied/dissatisfied with your house?

Kloostertuinen
– Going upwards, the two staircases, which are in line with each other, create a spectacular sensation of height. The spaces upstairs fit perfectly.
– Our dog really feels at home here. Even at night he's still nosing around upstairs and downstairs. He's much happier here than he was in our previous homes.
Borneo/Sporenburg
– Extremely quiet house. It's also very private. Given that the street here really does mean 'the village', it's sometimes nice just to be able to retreat into your house.

Waarop bent u trots in uw woning?

Floriande
– Op onze eigen creatieve ideeën.
– Trots op het idee van de gemeenschappelijke tuin. De uitvoering is helaas anders.

Waarop bent u trots in uw woonomgeving?

Hof van Hoytema
– Directe omgeving van de woning is niet iets om echt trots op te zijn, maar maakt de woning wel betaalbaar.
Kloostertuinen
– Helaas zorgen de ligging van de huizen (in hoefijzervorm dus een 'hofje' aan de voorkant) en de niet al te hoge prijs voor een nogal 'volks' karakter van de bewoners, dat de huizen niet echt eer aandoet.
– Leuk doordat het een besloten hofje is, in een halve cirkel gebouwd. Zo zie je elkaar vaker dan in een rechte straat.

Heeft u contact met uw buren?

Borneo/Sporenburg
– Goedemorgen, goedenavond, lekker weertje en dat wil ik vooral zo houden!
– Er wordt regelmatig onderling opgepast, we organiseren feestjes en helpen elkaar met uiteenlopende zaken.
Hof van Hoytema
– Er is een plan voor een zomerfeest met het hele complex.

What is there about your house that makes you proud?

Floriande
– Our own creative ideas.
– Proud of the idea of the shared garden. The reality, however, is a different matter.

What is there about the surroundings of your house that makes you proud?

Hof van Hoytema
– The immediate surroundings of the house aren't really anything to be proud of, but they do make the house affordable.
Kloostertuinen
– Unfortunately, the lay-out of the houses (in a horseshoe shape, with a 'courtyard' at the front) and the relatively low price have led to a rather 'common' sort of resident, which doesn't really do justice to the houses.
– Nice because it's a closed courtyard, built in a semi-circle. It means that you see each other more often than you would in a straight street.

Do you have any contact with your neighbours?

Borneo/Sporenburg
– Good morning, good evening, nice weather and that's the way I want to keep it!
– We regularly baby-sit for each other, we organise parties and help each other with various things.
Hof van Hoytema
– There's a plan for a summer party for the whole complex.

Hoe waardeert u de collectieve buiten- of binnenruimte?

Kloostertuinen
– De boom als samenbindend symbool is wel ontworpen, maar wordt vanwege technische onmogelijkheden niet geplaatst. Is er een alternatief mogelijk? Zet er een beeld neer, desnoods van jullie.
Hof van Hoytema
– Vredige binnentuin, alleen klein en er is geen ruimte voor gezamenlijke activiteiten bijv. BBQ'en.

Hoe omschrijft u uw woning aan iemand die deze woning niet kent?

Floriande
– Dat ik in een huis woon dat net een vakantiepark is.
– Eigen stijl waarvan je moet houden.
Borneo/Sporenburg
– Een pijpenla van een meter of achttien, drie meter hoog met aan het eind een toneel met wateruitzicht.

How do you rate the shared indoor and outdoor spaces?

Kloostertuinen
– The tree as a uniting symbol has been designed, but it hasn't been put in, because of technical problems. Is an alternative possible? Put a statue there, one of you, if need be.
Hof van Hoytema
– Peaceful inner garden, just a little small and there's no space to do things together, e.g. BBQs.

How do you describe your house to someone who hasn't seen it?

Floriande
– I say that I live in a house that's just like a holiday park.
– Individual style that you have to love.
Borneo/Sporenburg
– A long, narrow space of around eighteen metres, three metres high, with at the end a backdrop with a view of the water.

Kloostertuinen

– When we had absolutely no plans to move house, I was once driving around the area. I stopped at almost exactly the place where our house is now and listened to a particular song on the radio. I bought the single straightaway and since then it's been our 'house song'. The ultimate feeling of being at home is when I happen to hear that song when I'm driving home from work and I know that I'm on the way home again to our lovely house.

– Having a chat now and then makes you feel at home.

Borneo/Sporenburg

– The feeling of shutting the door after a day at work and knowing that you don't have to have anything else to do with the busy world outside. Slumping on the sofa and looking at the water and the cloudy sky and dreaming away.

Hof van Hoytema

– We live in the city, but we still have a feeling of space, because of the view and the inner garden. The seclusion of the house creates the feeling of a little oasis in the city.

Kloostertuinen

– Toen we nog helemaal geen verhuisplannen hadden, reed ik hier een keer in de buurt. Ik bleef staan op bijna exact de plek van ons huidige huis en hoorde een bepaald nummer op de radio. Die single heb ik meteen gekocht en sindsdien is dat ons 'huisliedje'. Het ultieme thuisgevoel is als ik op weg naar huis vanaf het werk toevallig dat nummer hoor en weet dat ik weer op weg ben naar ons mooie huis.

– Af en toe even een praatje maken geeft je wel een thuisgevoel.

Borneo/Sporenburg

– Het gevoel na een werkdag de deur dicht doen en niets meer met de wereld van doen te hoeven te hebben. Op de bank ploffen en lekker naar het water en de wolkenluchten kijken en mijmeren.

Hof van Hoytema

We wonen in de stad, maar hebben toch een gevoel van ruimte door het uitzicht en de binnentuin. De beslotenheid van het pand geeft een gevoel van een kleine oase in de stad.

De Collectieve Tuin The Collective Garden
Floriande, Hoofddorp
288 woningen houses

architecten **architects**: Ed. Bijman, Jan Klomp, Bas Liesker, Bea van den Berg, Marika Groenewegen, Inge van Mourik, Urs Primas
landschapsarchitecten **landscape architects** H+N+S Landschapsarchitecten
opdrachtgever **client** Amstelland Ontwikkeling Wonen (AM Wonen), Amsterdam, Intermezzo, Stichting voor jongeren huisvesting, Amstelveen
ontwerp – oplevering **design – completion** 1998/99–2002/04
fotograaf **photographer**: Kees Hummel, Amsterdam

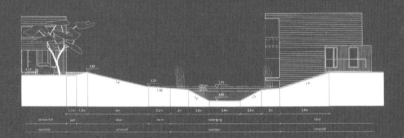

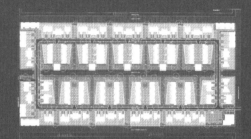

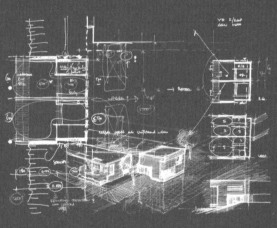

De Stelling van Nijmeijer

Nijmeijer's theory

De vrouw van nummer 18 buigt zich iets naar voren en dempt haar stem. Zo doen mensen dat die op het punt staan iets pijnlijks te zeggen. Want meneer de architect zal het wel niet leuk vinden om te horen, maar het lijkt hier in de wijk, met al die doorkijk en die rondwandelende gezinnetjes en rennende kindertjes, verdraaid soms wel een soort vakantie-bungalowpark.

De buurvrouw kan gerust zijn. Dat vindt meneer de architect helemaal niet vervelend om te horen.

Want Vinex-wonen is normaal gesproken als patat met cola. Het smaakt het minst, en het wordt het meest gegeten.

Een huis in suburbia is nu eenmaal: een woonkamer en een keuken beneden, drie slaapkamers en een douche boven, een tuin met een heg achter, en een auto voor. Zo willen Nederlanders het, en niet anders – gehospitaliseerd als ze zijn.

Maar niet op Eiland 8 van Floriande, de dertien wooneilanden op een rij in de Haarlemmermeer. Althans, dat is niet de bedoeling.

Want Eiland 8 is geen verzameling van driehonderd huizen met schuttingen en bergingen. Eiland 8 is een volkstuin, met daarin driehonderd gezinnen.

Al schrok de opdrachtgever aanvankelijk nogal van het woord volkstuin. Dat klonk namelijk nogal… tja… volkstuinerig. Dus het heet nu: landgoed.

Maar bij een landgoed – het is niet anders – hoort een landheer, en zo zijn de bewoners van Eiland 8 voor eendriehonderdste eigenaar van de tuin, de huiskamer van het eiland tenslotte. En zitten ze opgezadeld met een corvee, een gezamenlijk onderhoud en een pakket huisregels, waarvan de indrukwekkendste het verbod is op een heg hoger dan één

The woman at number 18 bends forward slightly and lowers her voice. The way people do when they're about to say something embarrassing. Because the architect probably won't want to hear this, but sometimes the area, with all the lack of privacy and the families wandering around and children running up and down, seems an awful lot like some sort of holiday bungalow park.

The woman can set her mind at rest. The architect isn't at all bothered by what she says.

Because living on a Vinex estate is usually like chips and cola. The most common choice, but also the least tasty one.

A house in suburbia is usually just a living room and a kitchen downstairs, three bedrooms and a shower upstairs, a garden with a hedge behind, and a car in front. That's the way Dutch people want it, no differently – conditioned as they are.

But not on Eiland 8 (Island 8) of Floriande, the row of thirteen residential islands in the Haarlemmermeer. At least, that's not the intention.

Because Eiland 8 isn't a collection of three hundred houses with fences and sheds. Eiland 8 is an allotment garden, with three hundred families living in it.

Although the client was initially frightened by the idea of an 'allotment garden' because it sounded too... well... allotmenty. So now it's called: a rural estate.

But a rural estate – as is the way of things – needs a lord of the manor, so each Eiland 8 household is the owner of one three-hundredth of the garden, which is, after all, the island's living room. And they're saddled with chores, communal upkeep and a set of regulations, the most impressive of which is the ban on hedges of over a metre, with the penalty of a

meter, op straffe van 50.000 gulden boete. Want een heg en gemeenschapsgevoel, dat gaat maar matig samen.

Op Floriande Eiland 8 moet je willen wonen, en dat willen Richard Nijmeijer en Bianca Janssens-Nijmeijer. Bianca dan vooral vanwege 'het gat in het dak' (officieel: de sparing in de luifel) en Richard inderdaad vooral vanwege het gehoopte gemeenschapsgevoel. Niet voor niets is Richard voorzitter van De Tuin, de stichting die het gemeenschappelijke groen daadwerkelijk moet gaan beheren.

Want het thuisgevoel houdt niet op bij de voordeur. Thuisgevoel is betrokkenheid bij buren, misschien niet met het hele eiland, maar toch wel met het blok, het stukje straat, het pleintje.

Je moet geen hekel hebben aan zwaaien.

Op Eiland 8 is privacy een keuze. Richard: 'Op het moment dat ik dat wil, heb ik de beslotenheid van mijn woning en mijn eigen tuin. Maar als ik daar voor kies ga ik de andere kant op, de straat op, De Tuin in. Daar wordt geklit en gepraat.'

Daarom ook is Richard een groot voorstander van het schuttingenbeleid. Zodat zijn eiland niet verandert in een batterij privé-vestigingen. Dat is a-Amsterdams, ja, en dat is maar goed ook. Richard: 'Als je deze betrokkenheid niet wilt, ga dan naar een andere wijk. Maar maak er hier geen B-rang eiland van.'

Bianca heeft nog een compromis. 'Met een schutting van 1,80 meter krijg je een doos, maar met 1,40 meter bijvoorbeeld, heb je wel nog een doorkijk als je staat, en privacy als je zit. Een schutting van 1,20 meter lost het probleem niet op, eentje van 1,40 meter wel.'

50,000-guilder fine. Because hedges and a sense of community don't really go together.

You have to want to live on Floriande's Eiland 8, and Richard Nijmeijer and Bianca Janssens-Nijmeijer are two people who want to. Bianca wants to live there mainly because of the 'hole in the roof' (officially: the opening in the canopy) and Richard mainly because he hopes to find a sense of community there. Not for nothing is Richard the chairman of De Tuin (The Garden), the foundation set up for the practical management of the shared greenery.

Because the feeling of being at home doesn't stop at the front door. Being at home means being involved with your neighbours, maybe not with the whole island, but certainly with your own block, section of the street, or square.

You shouldn't be allergic to waving.

On Eiland 8, privacy is a choice. Richard: 'The moment I want it I have the seclusion of my own house and my own garden. But when I choose, I can go up the other side, up the street, into The Garden. We can hang out and chat there.'

That's also why Richard is a big supporter of the policy on fencing. So that his island doesn't turn into a battery of private residences. That's very un-Amsterdam, and it's a good thing too. Richard: 'If you don't want the involvement, go to a different area. But don't turn this into some second-rate island.'

Bianca puts forward a compromise. 'With a fence of 1.8 metres you get a box, but with 1.4 metres, for example, you can still look over when you stand up, and have privacy when you sit down. A fence of 1.2 metres doesn't solve the problem, but one of 1.4 metres does.'

Richard, streng: 'We praten helemaal niet over 1,40 meter, en ook niet over 1,20 meter. Het is 1,00 meter, en dat is de regel.'

Het schuttingenbeleid is bij Richard Nijmeijer in goede handen.

Ook al is het onbegonnen werk. Naar schatting zo'n tien procent van de bewoners van Eiland 8 heeft geen boodschap aan de woonfilosofie. De eerste hoge schuttingen zijn al gebouwd, en er is geen instantie die daadwerkelijk 50.000 gulden boete heeft uitgedeeld. Ook Richard niet: 'Je hebt natuurlijk geen zin om politieagent te gaan spelen in je eigen buurt. Maar waar ligt de grens? De stichting is wel degelijk de bewaker van het inrichtingsbeleid.'

Hoe dan ook, nu is het al te laat. Zodra de één een schutting bouwt, doet de ander het ook. Richard: 'En op een gegeven moment is iedereen vogelvrij.'

Veel mensen hebben een woning op Eiland 8 betrokken zonder de filosofie van het eiland te beseffen en – eerlijk is eerlijk – ook Richard en Bianca raakten pas enthousiast voor het idee toen de notaris vol verve over het gemeenschapsgevoel vertelde, vlak voor de ondertekening van het koopcontract nota bene.

Of is het ook wat veel gevraagd, een groepsgevoel creëren in de Randstad, in de 21e eeuw nog wel, in een tijd waarin individualisme bij uitstek een deugd is? Richard, stellig: 'De architect heeft met liefde en plezier een bepaald idee ontwikkeld, een identiteit, en als er dan gasten komen wonen die dat gedachtegoed loslaten, lak aan de wereld hebben en hun zin doordrijven, dan verpest een kleine minderheid het voor de rest, voor al die mensen die wel bewust hebben gekozen voor dat idee.'

Richard, firmly: 'We're not talking about 1.4 metres, nor about 1.2 metres. It's one metre and that's the rule.'

The policy on fencing is in good hands with Richard Nijmeijer.

Even though it's a hopeless task. According to estimates, around ten per cent of the Eiland 8 residents don't want anything to do with the concept for living there. The first high fences have already gone up and no authority has actually handed out a 50,000-guilder fine. Not even Richard: 'Of course you don't want to play the policeman in your own neighbourhood. But where's the limit? The foundation really is the guardian of the design policy.'

Whatever the case, it's too late now. As soon as one person puts up a fence, someone else does it too. Richard: 'And it comes to a point where everyone is acting illegally.'

Many people moved into a house on Eiland 8 without being aware of the philosophy of the island and – fair's fair – Richard and Bianca only became enthusiastic about the idea when the notary, full of enthusiasm, told them all about the sense of community, just before the purchase contract was signed, mind you.

Or is it asking a bit too much, trying to create a sense of community in the Randstad, in the 21st century as well, an age where individualism is seen as a virtue? Richard, says, forcefully: 'The architect developed a particular idea, an identity, with love and with pleasure, and if people then come and live here and abandon that way of thinking, people who couldn't care less about the rest of the world and who manage to get their own way, then a small minority is spoiling it for the rest, for all the people who have consciously chosen to live by that idea.'

Dus nee, te veel regels zijn er op Eiland 8 niet. Hoewel: er is een regel die het gemeenschapsgevoel juist behoorlijk tegenwerkt. Neem de grasveldjes aan de middensloot, waar aan weerszijden de achtertuintjes eindigen, en dat, zo centraal gelegen, schreeuwt om een volleybalnet. Maar de achtertuintjes zijn inmiddels stuk voor stuk dichtgebouwd, met perkjes en schuttingen, ook al zijn ze lager dan een meter. En zo zijn de tuinen geen tweede voordeur van het huis geworden, en de grasvelden geen doorgang, geen centrum, maar een strook, een afgebakende strook nog wel.

Maar onwil is dit niet. Openingen in de achtertuin zijn simpelweg verboden. Want een achterpad is meteen openbare weg, en zodra een huis ook vanuit de tuin bereikbaar is, moet daar formeel ook verlichting komen. Politiekeurmerk, het is niet anders. Veiligheid heeft zijn prijs.

Maar over het algemeen zijn de regels zeer nuttig – van anarchie is Richard geen liefhebber – en juist door die regels zal het gemeenschapsgevoel zich vanzelf ontwikkelen.

Misschien dat het idee nog moet groeien, zoals zo veel op Eiland 8 nog moet groeien. Pas begin dit jaar verscheen het eerste groen. Richard: 'Die donkere modder nodigde ook niet echt uit tot veel buiten zijn. Hoe groener het wordt, hoe meer mensen buiten zijn, en hoe meer er contact wordt gelegd.'

Het begin is er. De buurvrouw die bij gebrek aan ruimte in de achtertuin de kinderschommel zolang aan de straatkant zette, zag haar voortuin veranderen in een openbare speelplaats. Een buurtkrantje, *De Tuinbode*, is al spontaan ontstaan, en een website. De eerste barbecue komt er aan, net als de eerste skeelerwedstrijd op de ringweg op het eiland.

So no, there aren't too many rules on Eiland 8. Although there is a rule that actually significantly undermines the sense of community. The lawns along the central water channel, where the back gardens end on both sides, are so centrally positioned that they're crying out for a volleyball net. But the back gardens have gradually been closed off, with flowerbeds and fences, even if they are lower than one metre. And so the gardens haven't become a second front door for the houses, and the lawns aren't a passageway, a centre, but a strip, and a sectioned-off strip at that.

But it's not a matter of unwillingness. Open back gardens are simply not allowed. Because a back path immediately becomes a public footpath and as soon as a house can be reached from the garden, illumination officially has to be installed there too. Police seal of approval, that's the way it is.

Security has a price.

But, by and large, the rules are very useful – Richard is not a fan of anarchy – and these very rules should ensure that the sense of community develops by itself.

Maybe the idea has still got to grow, just as so much on Eiland 8 still has to grow. It wasn't until the beginning of this year that the first green appeared. Richard: 'That dark mud didn't really encourage you to spend much time outside. The greener it gets, the more people will go outside and the more interaction there will be.'

A start has been made. One neighbour who put her children's swing up by the side of the street for a while because she didn't have enough space in the back garden has seen her front garden turn into a public playground. *De Tuinbode*, a newspaper for the area has already spontaneously devel-

En daarna, zo is de hoop, zullen de welwillenden zichzelf wel uitsorteren. Zodra de eerste mensen vertrekken, zullen de nieuwkomers de keuze voor Eiland 8 bewuster maken. Omdat ze dan met eigen ogen zien dat ze een plek kopen in een bungalowpark.

Richard: 'Steeds meer zal de massa tot één kweken.'

Het is, kortom, de Stelling van Nijmeijer:

Sociale betrokkenheid is als de groenvoorziening. Het moet groeien, en dat doet het hand in hand.

oped, as has a website. The first barbecue is planned, as is the first roller-blade competition on the island's ring road.

And after that the hope is that those sympathetic to the idea will be self-selecting. As soon as the first people leave, the newcomers will be able to make a more conscious choice for Eiland 8. Because then they'll be able to see for themselves that they're buying a place in a bungalow park.

Richard: 'The mass will increasingly merge to become one.'

This is, in short, Nijmeijer's theory:

Social involvement is like green spaces. They need to grow, and that's something that they can do together.

Als we nu lekker naar bed gaan,
is dat zo weer over.

Villa
Vinkeveen

architecten architects: Ed. Bijman, Jan Klomp, Bas Liesker i.s.m. with Jan-André Hoogland
opdrachtgever client: J. Straathof & H. de Bruijn
ontwerp – oplevering design – completion: 1994–2000
fotograaf photographer: Kees Hummel, Amsterdam

0   1   2

Escher in 3D

Escher in 3D

Met rechte muren heeft Jos Straathof het wel gehad. Iets te gemakkelijk, rechte muren. Zeker nadat hij in Uithoorn zijn eigen Finse chaletje van acht bij tien meter had gebouwd. Dat wil zeggen: hij ramde de nodige genummerde palen in de grond, en begon daarna balken, halve bomen eigenlijk, te stapelen.

Toen wilde Jos – biochemicus, bakker, timmerman en tegenwoordig eenmansaannemer – wel eens iets anders, iets aparts. Aan het water wonen, dat was één, maar vooral een huis zonder rechte muren.

Meer specifiek: een huis met niet één rechte muur.

Hij dacht nog een tijdje over een draaiend huis op het water, en een toren van twee verdiepingen, maar uiteindelijk ontwierp hij een woning met een toren, en daar omheen vijf vijfvlakskamers, allemaal verschillend in hoogte, naar de straatkant toe dicht en open naar de Vinkeveense plassen.

De Welstandscommissie was echter genadeloos, en gaf hem een lijstje met architecten. Jos koos Heren 5 en zocht hen op, de maquette onder de arm. En zo ontwierp Heren 5 zijn nieuwe huis, met de maquette als uitgangspunt.

Het hoefde niet gemakkelijk te zijn, zei Jos nog. Eufemistisch: 'Ik hou wel van een uitdaging.'

Jos wilde zijn huis in zijn dooie eentje bouwen ('Ach, er is ook een man, die bouwt een kathedraal in zijn eentje'), en hij bóuwde zijn huis in zijn dooie eentje. Er ging wel wat tijd in zitten. Een jaar of vier, vijf, in de avonduren en weekeinden. En al die tijd woonden hij en zijn vrouw Hanneke de Bruijn in een noodkeet op het bouwterrein, veertig vierkante meter groot, tochtig en koud – vanaf windkracht tien zaten ze binnen met de jas aan.

Jos Straathof has had it with straight walls. They're a bit too easy, straight walls. Particularly after he'd built his own Finnish chalet in Uithoorn, eight metres by ten. That is, he rammed the requisite numbered poles into the ground and then started piling up beams; well, actually, they were more like half trees.

Then Jos, biochemist, baker, carpenter and currently one-man building contractor, wanted something really different, something special. Living on the water would be great, but it was most important to have a house without straight walls.

To be more specific: a house without one single straight wall.

For a while he thought about a revolving house on the water, and a tower with two floors, but finally he designed a house with a tower, with five pentahedral rooms around it, all differing in height, closed to the road side of the house, but open towards the lakes of the Vinkeveense Plassen.

The Building Aesthetics Committee, however, were hard-nosed, and gave him a list of architects. Jos chose Heren 5 and went to visit them, his scale model under his arm. And so Heren 5 designed his new house, using the model as a starting point.

It didn't have to be easy, Jos added. Euphemistically he said: 'I love a challenge.'

Jos wanted to build his house all on his own ('Hey, there's a man who's building a cathedral on his own'), and he did just that. It took a while. Four or five years, working in the evenings and at the weekend. And all that time he and his wife Hanneke de Bruijn lived in a temporary hut on the building site, forty square metres, draughty and cold – anything

Maar sinds zes jaar staat het er.

Zijn huis.

Zijn droom.

En inderdaad: er staat niet één wand in het lood.

De glaspui in de woonkamer staat zo'n drie graden schuin, de muur van de keuken vier graden, net als de twee buitenmuren, evenwijdig aan elkaar. De kolom tussen de woonkamer en de verdiepte keuken staat zelfs tien graden uit het lood.

De trap naar boven is schuin, en ook de glaswand van de slaapkamer, die, om het zicht vanuit de woonkamer te beperken, is afgeschermd met bamboestokken die in de lengte zijn doorgezaagd.

Maar je blijft elkaar altijd zien en dat, zegt Hanneke, is een van de charmes van hun woning. 'Enig, dat je in het hele huis contact met elkaar hebt. Het is een communicatiehuis, eigenlijk. En toch heb je je privé.'

Het viel nog niet mee, dat schuine bouwen. Een keer had Jos een wand iets te ver uit het lood gebouwd, dus daar moest na een paar dagen weer de sloophamer in. Jos is sowieso wel makkelijk met de slijpschijf. Toen de architect, staand voor de hoge woonkamerwand, eens opperde dat het wel bijzonder zou zijn als die wand niet helemaal zou doorlopen tot het plafond, maar een kleine strook zou openlaten, was Jos meteen overtuigd en haalde hij de slijpschijf weer uit. Het open gedeelte – naar het gastenvertrek – is dichtgemaakt met een glasstrook.

Vanwaar toch die voorliefde voor schuin? Jos denkt even na, en loopt dan naar een boomstronk die hij ooit in Zweden langs de kant van de weg vond en die hij op een glazen

upwards of force six winds and they'd be sitting inside with their coats on.

But it's been there for six years now.

His house.

His dream.

And indeed: every single wall is out of true.

The glass front in the living room is off by about three degrees, the kitchen wall is off by four degrees, as are the two exterior walls, which are parallel with each other. The column between the living room and the sunken kitchen is as much as ten degrees out of true.

The stairs are at an angle, as is the glass wall of the bedroom, which, in order to limit the view from the living room, is screened off with bamboo canes that are sawn through lengthwise.

But you can always see each other and that, says Hanneke, is one of the charms of their house. 'It's great that you have contact with each other throughout the whole house. It's a house built for communication, really. And yet you still have your privacy.'

It took a while to get used to, building things at an angle. One time Jos had built a wall a little too far out of true, so after a few days he had to use the demolition hammer on it. Jos is very keen on the grinding disc, anyway. When the architect, standing in front of the high living-room wall, once ventured that it would be really unusual if the wall didn't go all the way up to the ceiling, but if a small strip was left open, Jos was immediately convinced and he got the grinding disc out again. The open part – which connects with the guest room – is closed off with a glass strip.

zuil in zijn woonkamer heeft geplaatst, als een kunstwerk.

De willekeur in de vormgeving, de zachte gedeelten die zijn weggerot en de harde hebben achtergelaten, het totale gebrek aan structuur – dat is wat Jos aantrekt. 'Die chaos, een beetje.'

Het zal een restant zijn van zijn studie biochemie.

Het gevolg is een woning als een sculptuur, een plastiek. Jos: 'Het huis is van zichzelf zo mooi, dat het niet nodig is om er mooie spullen in te zetten.'

Jos, maar vooral Hanneke, lieten zelfs, op sterk aandringen van de architect, hun voorkeur voor een groot slaapkamer- en keukenraam varen. Jos: 'Met een groter glas help je inderdaad de hele structuur van de buitenmuren om zeep. Zoals de vlakken in elkaar snijden, is als een diamant waar je in slijpt. Als je daar opeens van die titanenramen gaat plaatsen, is de hele verhouding weg.'

Dan maar minder zonlicht in de keuken en de slaapkamer. Alles voor de kunst, tenslotte.

De toren in het centrum van de woning bestaat uit een eenzelfde spel van elkaar snijdende vlakken. Naast de voordeur in driehoeksvorm, inclusief patrijspoort, loopt de trapleuning van meranti als een kurkentrekker naar boven, als de reling van een boot, de spankabels met stevige kogels vastgezet.

De leuning op de overloop is schuin, de traptreden en de wand, de vloer zelfs.

Dit is M.C. Escher in 3D.

Een hal als een bootje op kabbelend water, de oriëntatie misleid. Je krijgt de natuurlijke neiging naar de reling te grijpen.

De associatie met de zee is door het patrijspoortje en de staalkabels onder de leuning al niet raar, en dat is het helemaal

So, where does this fondness for angles come from? Jos thinks for a moment, and then he goes over to a tree-stump that he found at the side of the road in Sweden. He's placed it on a glass pillar in his living room, as a work of art.

The randomness of the shape, the soft parts that have rotted away, leaving the hard parts, the complete lack of structure – that's what appeals to Jos. 'That chaos, kind of.'

It's probably something that's left over from the time when he studied biochemistry.

The result is a house like a sculpture, a model. Jos: 'The house itself is so beautiful that there's no need to put beautiful things in it.'

Jos, and Hanneke in particular, even abandoned their preference for a large bedroom and kitchen window, at the strong insistence of the architect. Jos: 'With a larger piece of glass you really do make a mess of the whole structure of the outside walls. The way the planes intersect, it's like cutting a diamond. If you suddenly put those huge windows in, the proportions of the whole are lost.'

So there'll just have to be less sunlight in the kitchen and the bedroom. It's all about art, after all.

The tower in the centre of the house also consists of intersecting planes. Near the triangular front door with its porthole, the meranti handrail runs upwards like a corkscrew, like the rail of a boat, the tension cables fastened with sturdy balls.

The handrail on the landing is at an angle, so are the steps, the wall, and even the floor.

This is M.C. Escher in 3D.

The hallway is like a boot on rippling water, which has a disorienting effect. Your natural inclination is to grab hold of the rail.

niet in het gastenvertrek. De kamer loopt, uiteraard, weer schuin toe naar het raam, met uitzicht over het boothuis, als een kapitein op zijn brug, kijkend over het dek van zijn schip naar het open water. Op de vensterbank staat een poezenmand.

One lucky pussycat, heet dat.

De schuine wanden in de badkamer maken het onmogelijk er een douchecel te bouwen, maar de schuine vloer heeft weer wel als voordeel dat het water zonder te strippen in het gootje loopt. Vervelender is dat geen kast voor de slaapkamer te vinden is, dus die moet Jos dan weer zelf bouwen. Aan de andere kant: 'Hoe minder kasten, hoe minder Hanneke koopt. Ik doe het niet meer, hoor, kasten.'

En dan, de trap op, naar hun schatkamer, de uitkijktoren, met uitzicht op de zonsondergang op de Plassen, boekje erbij, of gewoon een beetje mijmeren,

Hier was het hun allemaal om te doen. Een eigen plekje, en dan lekker staren. Jos: 'Altijd lekker, staren. Lekker rustig, niks doen. En staren.'

Deze kamer in de toren is het privé-domein van Jos en Hanneke. Hun huis heeft diverse stadia van intimiteit. Kennissen en klanten komen tot de keuken, vrienden mogen in de woonkamer – met uitzicht op de slaapkamer tenslotte – en naasten komen tot in de gastenslaapkamer. Maar het torenkamertje is van Jos en Hanneke en van Jos en Hanneke alleen. Dat is hun plekje.

Alleen: vaak komen ze er niet. Het komt er gewoon niet van. Want het blijkt toch wel lastig, al dat heen en weer geloop met flessen. En in het donker is er niet veel meer te zien dan de eigen weerkaatsing in het glas.

The association with the sea is not all that strange, given the porthole and the steel cables under the rail, and it's even more obvious in the guest room. The room, naturally, runs at angle towards to the window. It has a view over the boat-house, making you feel like a captain on his bridge, looking over the deck of his ship to the open water. On the window-seat there's a cat basket.

One lucky pussycat, it says.

The angled walls in the bathroom make it impossible to build a shower cubicle, but the angled floor does have the advantage that the water runs into the drain without channels. What is more annoying is that you can't find a wardrobe that will fit in the bedroom, so Jos had to build one himself. On the other hand: 'The fewer cupboards, the less stuff Hanneke buys. I tell you, I'm not making any more cupboards.'

And then, up the stairs, to their treasure-chamber, the watchtower, with a view of the sunset over the Plassen, to sit with a nice book, or just do a bit of daydreaming.

This is what it was all about. Their own place, so they could just gaze away. Jos: 'It's always nice, gazing out. Nice and peaceful, doing nothing. And gazing.'

This room in the tower is Jos and Hanneke's private space. Their house has different stages of intimacy. Acquaintances and clients get as far as the kitchen; friends are allowed into the living room – it does have a view of the bedroom, after all – and close friends make it to the guest bedroom. But the tower room belongs to Jos and Hanneke and to them alone. It is their space.

Only they don't use it very often. It's been a bit of a wash-out, really. Because it turned out to be a pain, all that going

Het is het eerstvolgende project van Jos. Een paar lekkere stoelen, een tafeltje, een schildersezel, maar vooral een houtkacheltje en een knuffelbank. Hanneke hoort het verheugd aan.

Zes jaar wonen ze er nu, in hun scheve huis. Aan de muren is geen schilderij op te hangen, gordijnen evenmin, elke kast moet Jos zelf maken – de nachtkastjes zijn nu pas klaar, bijna althans – en sommige wanden zijn zo schuin dat het stof erop blijft zitten.

De buurt reageert niet onverdeeld gelukkig. Een behulpzame buurman sprak Jos tijdens de verbouwing vriendelijk aan: 'Niet om het een of ander, maar heeft u wel in de gaten dat die muur uit het lood staat?' Vaker hoorde hij: 'Wat wordt dít?' En volgens de naaste buur lijkt hun huis op de entree van de Efteling.

Maar Jos en Hanneke zijn – in één woord – trots. Jos: 'Altijd, ook nog na zes jaar, als ik in de tuin bezig ben, dan zie ik weer hoe mooi het is. Al die vlakken die samenkomen, de kleur van de leien, ook als het regent – júíst als het regent, of in het avondrood. Dan denk ik: dit is míjn huis.'

up and down with bottles. And in the dark there's not much more to see than your own reflection in the glass.

It's the next project for Jos. A couple of nice chairs, a table, an easel, but most importantly a wood-burning stove and a cosy sofa. Hanneke's pleased to hear that.

They've been living there for six years now, in their crooked house. You can't hang pictures on the walls, or put up curtains, Jos has to make every cupboard himself – the bedside tables are only just ready, well almost ready, at least – and some of the walls are at such an angle that the dust settles on them.

The neighbours have not all been completely happy. A helpful neighbour said to Jos during the building work, in a friendly way: 'I don't really want to point this out, but you do know that wall's not straight, don't you?' He'd often hear: 'What's this supposed to be?' And the next-door neighbour thinks that their house looks like the entrance to the Efteling theme park.

But Jos en Hanneke are – in a word – proud. Jos: 'Whenever I work in the garden, even after six years, I notice again how beautiful it is. All those planes coming together, the colour of the slates, even when it rains – or particularly when it rains, or in the glow of the sunset. Then I think: this is my house.'

'Altijd, ook nog na zes jaar, als ik in de tuin bezig ben, dan zie ik weer hoe mooi het is. Al die vlakken die samenkomen, de kleur van de leien, ook als het regent – júíst als het regent, of in het avondrood. Dan denk ik: dit is míjn huis.'

'Whenever I work in the garden, even after six years, I notice again how beautiful it is. All those planes coming together, the colour of the slates, even when it rains – or particularly when it rains, or in the glow of the sunset. Then I think: this is my house.'

Evean Lishof
Oostzaan
Woonzorgcentrum Residential care centre

architecten architects Ed. Bijman, Jan Klomp, Bas Liesker, Egbert Duijn,
Marika Groenewegen, Inge van Mourik, Nicolien Pot
opdrachtgever client Woonzorg Nederland
ontwerp – oplevering design – completion: 2005 –
tekeningen drawings (maart March 2005): Heren 5 architecten

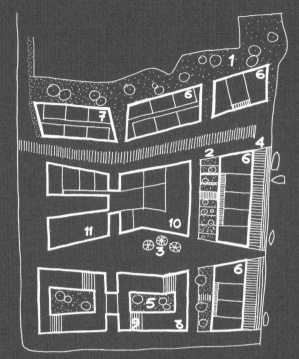

1 wandelen onder de bomen strolling amongst the trees
2 moestuin vegetable garden
3 terras aan het plein terrace at the courtyard
4 steiger om te vissen fishing jetty
5 mooie binnentuin beautiful courtyard garden
6 woningen houses
7 groepswoning verstandelijk gehandicapten communal house for
the mentally disabled
8 psycho-geriatrische woongroepen psycho-geriatric commune
9 collectieve huiskamer communal sitting room
10 restaurant en recreatieruimte restaurant and recreation room
11 wijksteunpunt community centre

Reuring
Activity

De boterkoekjes zitten in vlabakjes, de beamer staat tussen de kopjes en schoteltjes. De architect is bezig de beamer scherp te stellen.

Anny Lust-Verdoorn, een leven lang in voor een geintje: 'Als die huizen van jou ook zo scheef zijn, is het niet best.'

De Heren 5-architect is hier vanmiddag in woonzorg-centrum – let wel: níet bejaardenhuis – Lishof in Oostzaan. Het complex moet tegen de grond, en Heren 5 heeft de eerste gedachten voor een nieuw Lishof op papier gezet. In een zaaltje achter de kantine mag de cliëntenraad commentaar leveren op de plannen – en dat zijn ze van plan ook.

Lust-Verdoorn: 'Zonder ons kan niet worden beslist. Vroeger moest je altijd ja en amen zeggen, maar tegenwoordig moeten ze naar je luisteren, hè.'

Dan mag de architect beginnen. Hij legt de gedachte achter het Heren 5-ontwerp uit. Want zij troffen het ouderencentrum aan, weggestopt in het groen, een eiland in het dorp. Hun conclusie was: in de Lishof word je niet oud in Oostzaan, maar achter de rododendrons.

Maar er was, dachten ze, eerst een groot praktisch bezwaar te overwinnen. Waar laat je de bewoners tijdens de sloop en de herbouw? Het is natuurlijk mogelijk eerst de ene helft te slopen en de bewoners zo lang in het andere deel te plaatsen, maar ja: dan zaten ze wel lange tijd tussen de bouwvakkers en de troep en de herrie.

'Fantastisch', zei toenmalig directeur Van Hoboken, 'dan hebben ze reuring.'

Reuring.

Reuring is drukte, reuring is gezelligheid.

Ouderen zitten niet voor niets het liefst bij de entree.

The butter biscuits are in the biscuit tins; the beamer is in amongst all the cups and saucers. The architect is working to focus the beamer.

Anny Lust-Verdoorn, who all her life has always been up for a joke: 'If your houses are that crooked too, it's not looking too good, is it?'

This afternoon the Heren 5 architect is here at the Lishof residential care centre – take note, not 'old folk's home' – in Oostzaan. The complex has to be demolished, and Heren 5 have put their first thoughts about a new Lishof onto paper. In a room behind the canteen the client committee can give their reactions to the plans – and they certainly intend to do so.

Lust-Verdoorn: 'You can't make any decisions without us. We always used to have to take what we were given, but nowadays they have to listen to you, don't they?'

Then the architect can begin. He explains the thinking behind the Heren 5 design. They found the old people's centre hidden away amongst the greenery, an island in the village, so their conclusion was: at Lishof it's not a case of growing older in Oostzaan, but growing dull behind the rhododendrons.

But first of all there was a large practical difficulty to overcome. Where do you put the residents during the demolition and rebuilding work? Of course it's possible to demolish just the one half first and put the residents in the other half for the time being, but then they'd be stuck for a long time in amongst the building workers and the mess and the noise.

'Fantastic,' said the then director Van Hoboken, 'then they'll get to see a bit of activity.'

Activity.

Activity means busyness, activity means company.

En geluidsoverlast? Ach, de meesten zijn toch slechthorend.

Zo werd het kernidee van de nieuwe Lishof geboren: een gebouw op basis van reuring. Geen afgesloten pand tussen de bomen en grasvelden, maar een open complex, aan de rand van de doorgangswegen. Een cluster van kleine huisjes, zoals in Marken, of als de steegjes en passages in Barcelona en Parijs, of het Begijnhof in Amsterdam.

De verschillende units kunnen, zoals Heren 5 het noemt, 'van kleur verschieten'. Ze kunnen dienen als verzorgings-huisplaats, als verpleegplaats, als extramurale plaats, of als zelfstandige woning. De afdeling met psychiatrische patiën-ten komt op de eerste verdieping. Zo kunnen de patiënten buiten komen zonder dat ze de weg kwijtraken.

Door de nieuwe Lishof moet een 'olifantenpad' lopen, een wandelroute, van grint of gemalen schelpen, de levensader van het complex – en voor de dorpsbewoners meteen de kortste route naar de Dirk van den Broek.

Om buitenstaanders naar de Lishof te trekken, moet er een bruin café komen, en een restaurant, voor iedereen toegan-kelijk, en een wijksteunpunt waar Oostzaners hun nagels laten manicuren en jongeren komen fitnessen.

Allemaal onder het motto: als je niet meer zo mobiel bent, dan moet de reuring maar naar jou toe komen.

En ten slotte: het olifantenpad kan ook dienen als laatste route voor de gestorvenen. Nu worden ze weggebracht door de achteruitgang, langs de containers. Maar in het plan van Heren 5 maken ze een laatste ronde, een saluut, door de passage.

Tot zover de presentatie van de nieuwe Lishof. Dan mag het gehoor vrij schieten.

There's a good reason why old people like best to sit by the entrance. What about the noise? Oh, most of them are hard of hearing, anyway.

And that's how the central concept of the new Lishof came about: a building based on activity. Not an isolated building amongst the trees and fields, but an open complex with paths running through it. A cluster of small houses, like in Marken, or like the little alleyways and passages in Barcelona and Paris, or the Begijnhof in Amsterdam.

The different units can, as Heren 5 call it, 'change their spots'. They can serve as nursing home spaces, as treatment spaces, as extramural health spaces, or as independent houses. The section for the psychiatric patients is going to be on the first floor. That way the patients can come outside without getting lost.

An 'elephant path' will run through the new Lishof, a walk-ing route made from gravel or ground shells, the artery of the complex – and the quickest route for villagers going to the Dirk van den Broek supermarket.

To attract outsiders to Lishof, there should be a cosy café and a restaurant that's open to everyone, and a community centre, where locals can have a manicure and young people can use the fitness centre.

All of this with the motto: if you're not that mobile anymore, then the activity should come to you.

And finally: the elephant path can also serve as the final route for the dead. Now they are taken away via the rear exit, past the rubbish bins. But in Heren 5's plans they'll do one last circuit, a final farewell, through the passage.

Thus far the presentation of the new Lishof. Then the

En dat doen ze.

Jan Nep, voorheen architect en daarom alvast een eigen Lishof ontworpen, heeft de tekeningen van Heren 5 eens goed bekeken: 'Ouderen zitten inderdaad graag buiten. Je ziet bezoekers komen, je maakt een praatje. Maar als er allemaal jongeren komen, dan gaan de ouderen zich terugtrekken. Dat wordt ze te druk. Die jongelui scheuren zo door de passage heen.'

Wellicht zijn hekken, die de passage afsluiten voor onbevoegden, een optie?

Lust-Verdoorn: 'Dan is het net een gevangenis.'

Fred Holzmann, technische dienst: 'Achter hekken zitten beesten.'

Trouwens, dat woord, bejaardenhuis – dat is een term uit het verleden. Tegenwoordig heet dat: zorg aan ouderen.

Maar dat krijg je er maar langzaam uit, bejaardenhuis. Zo'n stigma slijt langzaam. Het is net als de speelgoedwinkel van het echtpaar Bakker in Oostzaan. Dat bleef ook 'Eefie Boon', ook al was ze al veertig jaar met meneer Bakker getrouwd. En dat de zoon van architect Nep de winkel overnam, en de zaak 'Rob en Truus' ging heten, maakte in Oostzaan geen indruk. Nog decennialang was het: Waar ga je naar toe? Naar Eefie Boon. Dus geen wonder dat de mensen (en ook de architecten) het nog altijd over bejaardenhuis hebben. En daar dus hun ontwerp op afstemmen.

Maar het verzorgingshuis van de toekomst is gericht op zelfstandig wonen, en de inkoop van zorg. Ouderen zijn dan geen bewoners meer, maar klanten. Zorg op maat, heet dat, of: de zorg komt naar je toe.

Pieter de Vente: 'In het ontwerp moet de nadruk liggen

audience can fire away.

And they do just that.

Jan Nep is a former architect, so he's already got in mind his own design for a new Lishof. He's had a good look at Heren 5's sketches: 'Old people certainly do like sitting outside. You can see visitors arriving; you can have a chat. But if all these young people come, then the old people will retreat. It'll be too busy for them. Those youngsters will just tear through the passage.'

Perhaps fences, closing the passage to unauthorised persons, might be an option?

Lust-Verdoorn: 'Then it'll be just like a prison.'

Fred Holzmann, technical department: 'They put animals behind fences.'

Incidentally, 'old folk's home' is a term from the past. Nowadays it's called 'care for the elderly'.

But it takes a long time to get out of the habit of calling it an 'old folk's home' and for that kind of stigma to wear off. It's just like Mr and Mrs Bakker's toyshop in Oostzaan. It always remained 'Eefie Boon's', even though Eefie had been married to Mr Bakker for forty years. And the fact that the son of Jan Nep, the former architect, took over the shop, and the business was then called 'Rob en Truus', made no impression in Oostzaan. For decades it was still: Where are you off to? Eefie Boon's. So it's no wonder that the people (and the architects too) still keep referring to it as an old folk's home. And design their plans accordingly.

The care home of the future, however, is geared towards independent living, and the purchase of care. Old people are no longer residents, but customers. Tailor-made care, it's called, or: the care comes to you.

op wonen, en in bescheiden mate op wonen en zorg. Het interieur moet afgestemd zijn op zorg, en het exterieur op wonen. Dus het liefst een cluster van woningen, en niet de massaliteit van een bejaardenhuis.'

Holzmann, samenvattend: 'We moeten omschakelen van Eefie Boon naar Rob en Truus.'

In de nieuwe Lishof, vinden de meeste aanwezigen, moeten niet alleen ouderen wonen, maar ook gezinnen met kinderen, of ouderen die (nog) geen hulp nodig hebben. Kinderen die een woning in de Lishof erven, bijvoorbeeld, verkopen dat huis niet, maar gaan er zelf wonen.

De Vente: 'Dan wordt het een gewone straat.'

Holzmann: 'We moeten van instituut Lishof naar een Lishof-buurt. Een plek om elkaar te ontmoeten, en dingen samen te delen. Er moet een gelegenheid zijn om een "samen"-gevoel te hebben.'

Zullen de bewoners zich thuis voelen in de nieuwe Lishof van Heren 5?

Nep: 'Niet als er mensen tussen wonen die nog geen hulp nodig hebben. Dan ga je je oud voelen.'

Annie de Boer, net zo nuchter als berustend: 'Natuurlijk ga je je er thuis voelen. Want je hebt geen keus.'

En kiezen de bewoners dan voor reuring of rust, voor een passage of de eendjes?

Lust-Verdoorn: 'Reuring natuurlijk. Maar mijn man wil ook een paar schapen hebben. Anders gaat hij niet mee.'

Sophie Reeling Brouwer: 'Ik ben een bevoorrecht mens. We hebben twintig jaar geleden een huis gebouwd...'

Holzmann: 'Vlak bij Rob en Truus.'

Reeling Brouwer: '... en daar hebben we zowel eendjes

Pieter de Vente: 'The main emphasis of the design must be on living, and to a certain extent on living and care. The interior must be geared towards the provision of care, and the exterior towards living. So the best thing would be a cluster of houses, not the solid form of an old folk's home.'

Holzmann summarises: 'We have to make the move from Eefie Boon's to Rob en Truus.'

Most people present feel that not only old people should live in the new Lishof, but also families with children or old people who are not yet in need of any help. Children who inherit a home in the Lishof, for example, shouldn't sell it, but should live there.

De Vente: 'Then it'll become a normal street.'

Holzmann: 'We have to move from the Lishof institute to a Lishof area. A place to meet each other and share things. There must be an opportunity for a feeling of "togetherness".'

Will the residents feel at home in Heren 5's new Lishof?

Nep: 'Not if there are people living here who don't need any help yet. Then you'll start feeling old.'

Annie de Boer, in a tone that is both sensible and resigned: 'Of course you'll feel at home there. Because you haven't got any choice.'

And do the residents want activity or rest, the passage or the ducks?

Lust-Verdoorn: 'Activity, of course. But my husband also wants to have a couple of sheep. Otherwise he won't come.'

Sophie Reeling Brouwer: 'I am a privileged person. Twenty years ago we built a house...'

Holzmann: 'Just near Rob and Truus.'

Reeling Brouwer: '... and we've got ducks in the pond

in een vijver, maar ook reuring van de doorgaande weg. Zoiets wil ik wel behouden.'

En dan is het prijsschieten op het ontwerp van Heren 5.

Gerda Geisink: 'Een heel log gebeuren. Lomp. Geen sjeuïgheid.'

De Boer: 'Sjeuïgheid maak je zelf.'

Nep: 'Een blokkendoos.'

Geisink: 'Niet speels, niet groen meer, maar ik weet ook wel: groen is duur.'

Mirjam Pronk: 'Ik vind dat speelse van Marken heel erg leuk.'

Geisink: 'Ik zie hier geen Marken in.'

Pronk: 'Het moet geen dorp binnen een dorp worden. We moeten integreren.'

En dan, ten slotte, wat vinden de ouderen van een laatste saluut voor de overledenen door de passage?

Johanna Kuiper: 'Ik zie zo'n stoet zo vaak. Dan ga ik altijd snel naar de keuken. Het is een heel naar gezicht.'

Nep: 'Je ziet het té vaak.'

Pronk: 'En je moet rekening houden met het tijdstip. Niet dat je net naar het eten gaat, of een kopje koffie zit te drinken op het terras.'

Lust-Verdoorn: 'Aan de ene kant heeft het zijn bekoring, maar de laatste zes maanden alleen al zijn 21 mensen overleden.'

Nep: 'Dan gaat de aardigheid ervan af.'

Lust-Verdoorn: 'Soms dacht ik: als dit zo hard doorgaat, dan halen we de nieuwe aardappelen niet.'

Zo eindigt de presentatie. De tijd dat ouderen ja en amen zeiden, is inderdaad voorbij.

De architect gaat naar huis, een illusie armer, een ervaring rijker.

---

there, but we've also activity because of the road. I'd really like to keep something like that.'

And then it's time to start taking pot shots at Heren 5's design.

Gerda Geisink: 'A very clumsy affair. Unwieldy. No liveliness.'

De Boer: 'Well, the liveliness is something you provide yourself.'

Nep: 'It's a box of bricks.'

Geisink: 'There's nothing playful, no greenery, but I do understand that greenery is expensive.'

Mirjam Pronk: 'I really like the playfulness of Marken.'

Geisink: 'This is certainly no Marken.'

Pronk: 'It shouldn't become a village within a village. We have to integrate.'

And then, finally, what do the old people think of the idea of a final farewell to the dead as they go along the passage?

Johanna Kuiper: 'I see those processions so often. And they always make me dash into the kitchen. It's a very nasty sight.'

Nep: 'You see it too often.'

Pronk: 'And you have to take the time of day into account. Not when you've just had your dinner or you're sitting on the terrace having a cup of coffee.'

Lust-Verdoorn: 'On the one hand it does have a certain appeal, but in the last six months alone 21 people have died.'

Nep: 'And then the fun goes out of it.'

Lust-Verdoorn: 'Sometimes I thought: if it carries on like this, we won't last the winter.'

On that note the presentation ends. The time when old people had to take what they were given has indeed come to an end.

The architect goes home, an illusion poorer, an experience richer.

Mevr. Mrs. G.H. van Breevoort-Reumers

Tweeling Twins: mevr. mrs. A. Wals-Otto (l),
mevr. mrs. G. Heistek-Otto (r)
Dhr. Mr. J.R. Slemmer

Mevr. Mrs. M. de Lange-Wals

Mevr. Mrs. M.E.J. van Tol-Ibes
Dhr. Mr. J. Nep

Mevr. Mrs. W. Poelman-Brand

Mevr. Mrs. A. Lust-Verdoorn
Mevr. Mrs. T.K. van Smeerdijk-Onrust

Kavel 37, Borneo Lot 37, Borneo
Scheepstimmermanstraat 80 - 82, Amsterdam
beneden- en bovenwoning double house

architecten architects: Ed. Bijman, Jan Klomp, Bas Liesker, Dirk van Gestel
opdrachtgever client: Buro de Binnenstad
ontwerp – oplevering design – completion: 1997–2000
fotograaf photographer: Kees Hummel, Amsterdam

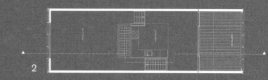

2

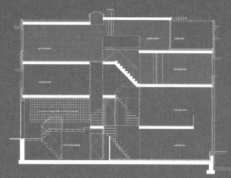

Het roestkasteel
The rust castle

Toen Jeanine Spijkerman voor het eerst op de stoep stond voor het huis van haar nieuwe liefde Herman Droppert, stond ze toch wel even te kijken.

Fort Knox, dacht ze.

Een gevel van roestend staal, en dat over vier verdiepingen – dit is een onneembare vesting. Is die Herman dat soms ook?

Intrigerend vond ze het wel, en spannend. En eenmaal binnen was ze verrast door het vele licht, en het gevoel van ruimte. Dat gold voor Herman zelf trouwens ook.

Maar de woning van Herman Droppert, op een vrije kavel op schiereiland Borneo in het Oostelijk Havengebied, oogt wel degelijk als een burcht. Geen baksteen te zien. Een stalen luik van onder tot boven. De buurman, een rechter die het nodige heeft gedaan om zijn woning te beveiligen, werpt er af en toe jaloerse blikken op.

En het is nog fraai roest ook.

Corten-staal oxideert van nature vrij snel, maar dan vormt zich een corrosielaag en wordt het roestproces juist vertraagd. Blijft over: warm roest, bruin als het zand van de Grand Canyon, met afbrokkelende schilfers en al.

Jeanine: 'De woning heeft iets futuristisch, en ook weer niet. Door het roest is het niet strak, of steriel. Als je de luiken beweegt, vallen de roestdeeltjes er vanaf. Ik hou van dingen die leven, iets wat verweert, waar de tijd overheen gaat.'

En Herman: 'Door de kleur heeft het iets warms. Je ziet een stukje vergankelijkheid. Ik hou wel van radicale keuzes. Een huis mag best afwijkend zijn.'

En dat is zijn huis zeker. Bussen vol Japanners, op architectuurrondreis, stoppen steevast voor de deur. Fietsers stappen af om een foto te maken.

When Jeanine Spijkerman first stood on the pavement in front of the house belonging to her new love Herman Droppert, she just stared at it for a moment.

Fort Knox, she thought.

A façade of rusting steel, extended over four floors - it was an impregnable fortress. Could the same be said for Herman?

However, she did find it intriguing, and exciting. And once she went inside she was surprised by all the light, and the feeling of space. The same was true for Herman himself, by the way.

But Herman Droppert's house, on a free lot on the Borneo peninsula in Amsterdam's Eastern Docklands, does indeed look very much like a stronghold. There's not a brick to be seen. It's one steel hatch from top to bottom. The neighbour, a judge who has done everything necessary to protect his own house, casts the occasional jealous glance at it.

And very fine rust it is too.

Cor-Ten steel naturally oxidises fairly rapidly, but then a corrosion layer forms, actually slowing the rusting process. The result is warm rust, brown as the sand of the Grand Canyon, complete with crumbling flakes.

Jeanine: 'There's something futuristic about the house in some respects, but not in others. The rust means that it doesn't look austere or sterile. When you move the shutters, pieces of rust fall off. I love things that live, that weather, that show the passage of time.'

And Herman: 'The colour gives it a certain warmth. It's a visible piece of transience. I love radical choices. It's fine for a house to be out of the ordinary.'

Je ziet voorbijgangers denken: 'Hoe werkt die deur? Waar gaan die lui naar binnen?'

Want, op het eerste oog, bestaat de voorgevel uit één immense stalen plaat. Maar de bovenste twee verdiepingen hebben luiken, en beneden zitten vier grote verticale poorten die als een harmonica, over de volle hoogte, inklappen.

Ergens beneden aan de zijkant zit een lange houten paal, ook weer verticaal, van dik drie meter hoog. Daar ongeveer zit de voordeur. Als die opent, kantelt ongeveer een derde van de onderste twee verdiepingen naar binnen, als een boekenkast in een Agatha Christie-roman, die opent zodra je het juiste boek pakt.

Naast de voordeur zit de garage. Een dubbeldekker. De bovenste auto gaat met een liftconstructie omhoog, kantelt 20 procent en maakt ruimte voor een tweede auto eronder.

Jongetjesspeelgoed.

Herman: 'Die bewegende panelen, dat hightech mechanisme.'

Met een mijmerende smile: 'Als die garagedeur dichtvalt, of de panelen sluiten, dan hoor je echt plong.'

Een roestkasteel, zei iemand. Fort Knox komt vaak voorbij. Maar binnen is de bezoeker verrast door het vele licht dat uit het trappenhuis naar binnenkomt door grote glazen panelen in de vloer. 'Je legt er toch geen kleedje op, hè,' zei de architect nog.

Een kleedje ligt er inderdaad niet, maar na Jeanine kwam al snel de kleine Tim inwonen, en sindsdien dienen de glazen tegels als speelhoekje. De lichtinval kan het hebben.

De parel van het huis is de bovenste etage. Herman heeft in de woonkamer – vijf bij zes meter groot en dik drie meter

And his house is certainly that. Buses full of Japanese people on architecture tours regularly stop in front of the door. Cyclists get off their bikes to take photos.

You can see passers-by thinking: 'How does that door work? Where do the people go inside?'

Because, at first glance, the front of the house consists of one immense steel plate. But the top two floors have shutters and downstairs there are four large vertical gates that fold up like an accordion.

Somewhere downstairs at the side there's a long wooden pole, which is also vertical, a full three metres long. That's roughly where the front door is. When it opens, around a third of the lower two floors tips inwards, like a bookcase in an Agatha Christie novel that opens when you grab hold of the right book.

Next to the front door is the garage. A double-decker one. The top car goes up in a lift and then tips at an angle of 20 per cent, making room for a second car underneath.

Boys' toys.

Herman: 'Those moving panels, that high-tech mechanism.'

He says, with a dreamy smile: 'When that garage door falls shut, or the panels close, then you really do hear a clang.'

A rust castle, someone said. Fort Knox is often mentioned. But once inside, the visitor is surprised by all the light that comes in via the staircase and through the large glass panels in the floor. 'Don't go putting any rugs on them, eh?' said the architect.

And indeed there aren't any rugs there, but after Jeanine little Tim soon came along, and since then the glass tiles have served as a play corner. So much for the light.

hoog – met veel gevoel voor stijl de nautische sfeer van het trappenhuis behouden. Je komt beneden namelijk binnen over houten vlonders van steigermateriaal.

Herman, jonge vader tenslotte: 'Prachtig, maar wel brandgevaarlijk.' Daarom staat standaard een ladder op het terras.

De schouw is op maat gemaakt rondom de haardplaat die vroeger bij Herman thuis aan de wand hing: een tafereel met Neptunus, voortgetrokken door een engeltje, een paard en een leeuw. Hoe nautisch wil je het hebben?

De stalen panelen die na de bouw over waren, heeft Herman voor de radiator geplaatst. 'Het is functioneel, en het haalt de elementen van buiten naar binnen.'

De open keuken van Belgische hardsteen kijkt als een balkon uit over de woonkamer, met in de rug een glazen pui over de volle breedte.

En dan het terras.

Herman heeft een buitendouche.

Het begon als een gimmick. Herman was van plan zijn dakterras te vullen met planten, en hij zag zichzelf nog niet zo snel met emmers zeulen.

De kraan werd een douche, want voor een paar tientjes meer had hij er warm water bij. Een afvoer is niet nodig. Het water loopt vanzelf door de vlonders met het regenwater weg. Ook weer lekker nautisch trouwens, dat gekletter op hout.

Afkoelen na een zomerse dag – het dakterrasseizoen duurt lang, doordat de metalen gevel de meeste wind keurig buiten houdt – en sinds de komst van kleine Tim heeft de douche er een nieuwe functie bij: als vuller van het kinderbadje. Zodra de zon schijnt, staat hij al met zijn badje bij de glazen pui: 'Buiten, buiten, buiten.'

The house's real gem is the top floor. In the living room – five metres by six and a full three metres high – Herman has maintained the nautical atmosphere of the staircase with a great sense of style. You get into the area downstairs by walking on wooden planks made from scaffolding materials.

Herman, who is, after all, a young father, says: 'It's wonderful, but it really is a fire hazard.' That's why there's always a ladder on the terrace.

The fireplace was custom-built around the hearth-plate that used to hang on the wall in Herman's house: a scene of Neptune pulled by a cherub, a horse and a lion. Could it be any more nautical?

Herman has placed the steel panels that were left over after the construction in front of the radiator. 'It's functional, and it brings the outside elements inside.'

The open kitchen, done in Belgian bluestone, looks out over the living room like a balcony, and at the back a sheet of glass runs the entire length of the kitchen.

And then there's the terrace.

Herman has an outside shower.

It began as a bit of a gimmick. Herman was planning to fill his roof terrace with plants and he couldn't really see himself lugging buckets around.

The tap became a shower, because for just a little more money he could have warm water too. There's no need for a drain. The water runs away through the planking, along with the rainwater. And there's another nautical feature – the pitter-patter of water on wood.

So, you can cool down after a summer's day – the roof-terrace season is a long one, because the metal façade nicely

Toch gebruiken ze de douche, als cooldown, niet zo vaak als ze zouden willen. De stalen gevel is toch net even te transparant om in je blote klitsen rond te lopen.

Het valt ze trouwens, eerlijk is eerlijk, toch wat tegen. Van opzij bekeken zitten ze inderdaad heel erg afgeschermd. Maar recht vooruit zijn de gaten in de gevel echt te groot. En als het licht aangaat, sta je al helemaal te kijk.

Nu was dat ook de bedoeling van de architecten. De suspense-gevel noemden ze het. Soms zie je de leegte achter de gevel niet, soms wel. Een gevel als een doorkijkblouse.

Natuurlijk vindt Herman dat ook de charme van zijn huis, maar uitgerekend op het terras had hij graag een uitzondering gezien. Want er is tenslotte behoorlijk geëxperimenteerd met de grootte van de gaatjes, en aan de voorgevel is ook een aantal panelen vervangen omdat de gaatjes te klein bleken.

Had die dan bij het terras gehangen. Of beter nog: had de gevel tot borsthoogte dichtgemaakt. Dan had het staal gefunctioneerd als een schutting. Nu hebben ze alsnog allemaal planten moeten plaatsen, en zwart gaas.

Details, weet Herman ook wel.

Dit is zijn huis. Dit is het huis dat bij hem past. Want de keuze voor deze woning zegt wel degelijk iets over zijn karakter.

Herman: 'Ik hou van moderne dingen aan het water. En van radicale tintjes – toch net even ertegenin. En vooral: van lekker leven.'

Hij ziet zijn woning zeker niet als een wegwezen-woning, zoals Heren 5 ze ook wel bouwde in het Oostelijk Havengebied – huizen met een stalen hek als voorgevel.

Hoewel: 'Het ziet er zeker erg gesloten uit, zeker als de panelen dicht zijn. En als je eenmaal binnen bent, kom je er

keeps out most of the wind – and since little Tim came along, the shower has also had another function: filling the baby bath. Whenever the sun comes out, he's standing there by the window holding his little bath: 'Out, out, out.'

But they don't use the shower to cool down as much as they'd like to. The steel façade is just a little too transparent to go running around in the nude.

Actually, if they're honest, that's a bit of a disappointment. Seen from the side, they really are very shielded. But the gaps in the façade straight ahead are really too large. And when the light goes on, you're completely on display.

And that was actually the intention of the architects. They called it the 'suspense' façade. Sometimes you don't see the space behind the façade; sometimes you do. A façade like a see-through blouse.

Of course, Herman sees that as part of the charm of his house, but he would have liked to see an exception, particularly on the terrace. Because, after all, there was a fair amount of experimenting with the size of the gaps, and on the front of the house some of the panels were replaced because the gaps turned out to be too small.

If only that had been on the terrace. Or, better still, if the façade had stopped at chest height. Then the steel would have served as a fence. Now they've had to put all sorts of plants up there, and black netting.

Herman knows that it's all just details.

This is his house. This is the house that suits him. And his decision to live in this house says a good deal about his character.

Herman: 'I love modern things by the water. And radical

niet meer zo makkelijk uit. Hè, schat?'

De glimlach van Jeanine houdt het midden tussen hoon en vertedering – zoals alleen vrouwen dat kunnen.

Jeanine: 'Het heeft ook iets aangenaams. Je kunt de wereld lekker buiten sluiten.'

Herman: 'Je voelt je geborgen.'

Jeanine: 'En veilig, ook wel. Emotioneel dan.'

Een huis als symbool van een liefde.

touches – just as a contrast. And above all: a nice place to live.'

He certainly doesn't see his house as the sort of house that says 'Clear off!', although Heren 5 did build some of those in the Eastern Docklands – houses with a steel fence as the frontage.

Although, he says: 'It certainly does look very shut off, particularly when the panels are closed. And once you're in, it's not so easy to get out. Is it, love?'

Jeanine's smile is a mixture of derision and tenderness – as only women can do.

Jeanine: 'There's something nice about it, too. You can just shut the world out.'

Herman: 'You feel snug.'

Jeanine: 'And secure, too. Emotionally.'

A house as the symbol of a loving relationship.

'Eigenlijk gunnen we iedereen zo'n huis. Maar natuurlijk is niemand gelijk. Die diversiteit in deze wijk is juist
leuk. Koopnieuwbouw trekt andere mensen aan, met
een goed inkomen, iets boven modaal, maar dat
hoeft mensen niet te scheiden.'

'We'd really like everyone to have a home like this.
But of course not everyone's equal. The diversity of
this area is what's great about it. New property for sale
attracts other people, with a good income, somewhat
above the average, but that doesn't have to divide
people.'

Hof van Hoytema
Overtoomse Veld, Amsterdam
55 appartementen apartments

architecten architects: Ed. Bijman, Jan Klomp, Bas Liesker, Marika Groenewegen
landschapsarchitecten landscape architects: H+N+S Landschapsarchitecten
opdrachtgever client: Woningstichting Rochdale
ontwerp – oplevering design – completion: 2000–2003
fotograaf photographer: Kees Hummel, Amsterdam

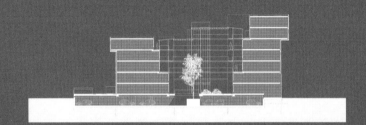

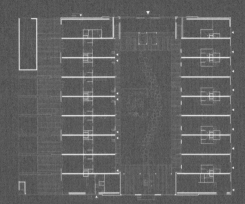

Opnieuw verliefd
Falling in love again

In Overtoomse Veld hangt de sfeer van de Middellandse Zee, ook als het motregent.

Dat komt door de uitstalling van de Turkse toko, de geur uit de Exotic Food Plaza, de etalages van de naaiateliers, de stomerij, de kapper, de Marokkaanse visboer.

Bij die laatste halen Iwan Daniëls en Jolanda Hogenbirk hun garnalenkroketten. Een fraai staaltje integratie trouwens, Marokkaanse garnalenkroketten.

'Zijn *life-saver*', noemt Iwan de vele winkeltjes rondom zijn appartementencomplex, Hof van Hoytema genaamd. Even snel een kip bij de Turkse versshop, of naar de kapper – twaalf euro. Of, zoals vandaag, in de motregen, naar de Turkse bakker.

Nog zo'n staaltje integratie. Achter de toonbank ligt het grote ronde, Turkse brood, onder de toonbank de croissantjes, de witte bolletjes, en de chocoladebroodjes. De zaak ruikt naar kebab. Iwan bestelt baklava. 'Doe maar voor drie euro.'

Veel geïntegreerder is niet te krijgen.

In de inrichting van hun huis is de integratie minder ver gevorderd. Iwan en Jolanda houden van wit. Hun hele woonkamer, de vloer van vijf bij tien, het plafond, de hoge muren – dat is een heleboel kubieke meter wit.

Het meeste meubilair is ook wit, en lange tijd stond de boekenkast in de kelder. Zo'n kleurenmozaïek van kaften is tenslotte tegen het principe van wit. Maar dat werd Jolanda toch te gek. Nu staat de boekenkast alsnog boven, in de serre, dat wel.

Alleen de tv, de monitor, een bureaulamp, de driezitsbank en zes tafelstoelen zijn niet wit. Die zijn zwart.

The atmosphere of the Mediterranean is always present in Overtoomse Veld, even when it's drizzling.

It comes from the display at the Turkish shop, the scent from the Exotic Food Plaza, the shop windows of the sewing workshops, the dry cleaner's, the hairdresser's, the Moroccan fishmonger's.

Iwan Daniëls and Jolanda Hogenbirk visit the last item in that list to buy their prawn croquettes. They're a fine example of integration, incidentally, Moroccan prawn croquettes.

'My life-saver', that's what Iwan calls all the little shops around his apartment complex, the Hof van Hoytema. You can just pop and pick up a chicken from the Turkish shop, or go off to the hairdresser's – only twelve euros. Or, like today, you can go through the drizzle to the Turkish baker's.

Another example of integration. Behind the counter are the large, round loaves of Turkish bread; under the counter are the croissants, the white rolls and the pains au chocolat. The shop smells of kebabs. Iwan orders some baklava. 'Make it three euros' worth.'

It doesn't get much more integrated than that.

Integration is a little less advanced, however, in the design of their house. Iwan and Jolanda love white. Their whole living room, the five-by-ten floor, the ceiling, the high walls – that's a lot of cubic metres of white.

Most of the furniture is also white, and for a long time they kept the bookshelves in the cellar. The colour mosaic of all the book covers is, after all, against the principle of white. But Jolanda thought that it was taking things too far. So now the bookshelves are allowed upstairs, even if it is only in the conservatory.

De poezen zijn zwart-wit.

Enige symboliek zit daar wel in. Iwan en Jolanda wonen en werken in Overtoomse Veld, in de Amsterdamse volksmond niet voor niets Little Istanbul genaamd. Niet voor niets heet hun grafisch ontwerpbureau daarom ook Baba Anousch: Turkse gegrilde auberginepastei. Zij hebben er een appartement gekocht in het Hof van Hoytema, een nieuwbouwcomplex met rode baksteen, houten vlonders, een Japansachtige binnentuin – en veelal witte bewoners.

Een enclave.

En dat onder het motto: opnieuw verliefd in het Overtoomse Veld.

Want de buurt – gebouwd volgens het naoorlogse dogma van: iedereen is gelijk, en zo zul je wonen ook – is verworden tot een achterstandswijk uit het boekje. En daarom worden er pompeuze kantoren gebouwd, en nieuwbouwhuizen, koopwoningen vooral, niet al te duur, om bewoners te trekken die modaal-bemiddeld zijn, en bij voorkeur blank.

Opnieuw verliefd in Overtoomse Veld dus. Met dat motto ontwierp Heren 5 het Hof van Hoytema. Prettig, maar niet protserig wonen in een wijk waar je voor moet kiezen. Je geluk zoeken op een plek waarvan vrienden en collega's zeggen: 'Zou je dat nou wel doen?'

Geluk, kortom, tegen de klippen op.

De overheid is blij met hen, deze nieuwe pioniers. Het Hof van Hoytema werd wel drie keer feestelijk geopend. Bij de eerste steen, bij het plaatsen van de boom, en toen het klaar was. Een toast met carillon, oliebollen en wethouder Duco Stadig.

Inmiddels zijn de eerste appartementen bewoond. Een burcht is het niet geworden. Al was het omdat een van de

Only the TV, the monitor, a desk lamp, the three-seater sofa and six dining chairs aren't white. They're black.

The cats are black and white.

There is some symbolism in this. Iwan and Jolanda live and work in Overtoomse Veld, which, for good reason, is popularly known in Amsterdam as Little Istanbul. So, also for good reason, their graphic design company is called Baba Anousch, like the Turkish grilled aubergine dish. They've bought an apartment there in the Hof van Hoytema, a newly built development with red bricks, wooden planking, a Japanese-type inner garden – and mainly white residents.

An enclave.

And all with the motto: falling in love again with Overtoomse Veld.

Because the neighbourhood – built according to the post-war dogma of 'everyone is equal, so that's the way you'll live too' – has deteriorated into a textbook example of a disadvantaged area. So they've built imposing offices there, and new houses, most of which are for sale, not too expensive, in order to attract buyers who are of middling income, and preferably white.

So, falling in love again with Overtoomse Veld. That was the motto that Heren 5 used for the design of the Hof van Hoytema. Living nicely, but not flashily, in an area that you make a conscious decision to live in. Seeking your happiness in a place that makes your friends and colleagues say: 'Are you sure you really want to do that?'

In short, an absolute determination to be happy.

The government is pleased with them, these new pioneers. The Hof van Hoytema had three official opening ceremonies:

zijwanden open is gelaten. Hof van Hoytema is gebouwd in een u-vorm, met een hofje als centrum.

Voorbijgangers kunnen aan één kant naar binnen kijken, naar de begroeiing die steeds duidelijker vormen aanneemt, naar de boom – omhoogkomend vanuit de parkeergarage – centraal in het hofje, en het vele hout in de gevels en de galerijen van houten vlonders die het hof een aanblik geven van een vijfdeks galjoen.

Maar als een eiland zien Iwan en Jolanda het Hof niet. Op een eiland zouden ze namelijk niet willen wonen.

Iwan: 'Dit is zeker geen enclave. Het is natuurlijk een beruchte buurt, maar we komen uit Noord en dat is nog beruchter aan het worden. Het is altijd een beweging. Het probleem van een buurt wordt gesignaleerd door de politiek en dan wordt er actie ondernomen. En zo verschuift het.

Over tien, twintig jaar is Zuid aan de beurt, en dat is nu de wijk waar je hoort te zitten.'

Jolanda: 'Van de woningen in de buurt word je niet vrolijk. Maar de mensen hier zijn niet asociaal, de woningen zijn asociaal. Die zijn door de woningcorporaties gewoon altijd slecht onderhouden. En nu zijn ze op.'

Iwan en Jolanda, dat kan ook niet anders, zijn begaan met hun nieuwe buurt. Iwan: 'Eigenlijk gunnen we iedereen zo'n huis. Maar natuurlijk is niemand gelijk. Dat is een dogma. Die diversiteit in deze wijk is juist leuk. Koopnieuwbouw trekt andere mensen aan, met een goed inkomen, iets boven modaal, maar dat hoeft mensen niet te scheiden. Ik voel me geen yup.'

Bovendien: het Hof van Hoytema straalt af op de hele wijk. Iwan: 'Het past er wel bij. Het gebouw is ingetogen, het glimt

---

when the first stone was laid, when the first tree was planted, and when it was finished. A toasting ceremony with bells, cake and councillor Duco Stadig.

The first apartments are now occupied. It hasn't become a fortress, although that's because one of the side walls has been left open. Hof van Hoytema is built in a U shape, with a courtyard at its centre.

Passers-by can look in from one side, at the greenery that's already starting to take shape, at the tree – rising up out of the car park – in the centre of the courtyard, and at all the wood of the façades and the walkways of wooden planking that give the building the appearance of a five-decked galleon.

But Iwan and Jolanda don't see the Hof van Hoytema as an island. They wouldn't want to live on an island.

Iwan: 'This is definitely not an enclave. The neighbourhood does, of course, have a bad reputation, but we come from Amsterdam-Noord and that's getting an even worse reputation. It's a continual process. The problems of a neighbourhood are noticed by politicians and action is taken. And so the problems move. In ten or twenty years, it'll be the turn of Amsterdam-Zuid, and that's the "in" area now.'

Jolanda: 'The houses in the area don't make you happy. But the people here aren't antisocial; it's the buildings that are antisocial. They've always been maintained very badly by the housing associations. And now they're just worn out.'

Iwan en Jolanda are, of course, sympathetic towards their new neighbourhood. Iwan: 'We'd really like everyone to have a home like this. But of course not everyone's equal. That's just a cliché. The diversity of this area is what's great about it.

niet, geen marmer of gouden deurknoppen – geen WTC.'

'En wij gebruiken de buurt ook, en daar wordt iedereen beter van. De Turkse winkel, de stomerij, de Marokkaanse visboer, de kapper. De buurt kan ook trots op ons zijn. Zo kun je het ook zien.'

Maar ziet de buurt dat ook zo?

Iwan: 'Moeilijk. Ik zou niet weten wat de buurt ervan vindt.'

Jolanda: 'Ik weet niet zo goed hoe mensen naar ons kijken. Dit is gewoon mijn huis.'

Een huis om trots op te zijn. Iwan haalt bezoekers beneden bij de deurbel niet op – bewust. Hij wil dat ze zonder begeleiding eerst die stalen, onpersoonlijke rvs-koker instappen (de lift), en als ze dan op zijn etage uitstappen, plotseling uitkijken op het Hof: het vele glas en hout, de siertuin met het 'Harry Potter-pad', de boom vanuit de parkeergarage. Iwan

staat dan in zijn deuropening, en geniet van hun verbazing.

'Daarom ga ik ze ook niet beneden ophalen. Ze moeten het zelf doen, zelf ontdekken. En daar mogen ze best de tijd voor nemen.'

Met zo'n verrassende intimiteit is de vergelijking met het Begijnhof snel gemaakt. Iwan: 'Misschien moet je dit ook zien als een modern bejaardenhuis. Over twintig jaar wonen we hier met zijn allen nog. Alleen, in één woning zit dan een zustertje, en die gaat ons allemaal verzorgen.'

Want de tuin zorgt, nu al, voor 'een samen-gevoel'. Er zijn 55 woningen in Hof van Hoytema, dus dat is te overzien.

Een tuincommissie is in de maak, de eerste barbecue komt eraan. En – ook mooi – als je wilt, doe je de gordijnen en de deur dicht, en heb je je privé. Iwan: 'Het is hier intiem, zonder verplichting.'

New property for sale attracts other people, with a good income, somewhat above the average, but that doesn't have to divide people. I don't feel like a yuppie.'

Furthermore, the Hof van Hoytema is an asset for the whole area. Iwan: 'It fits in well. The building is subtle, it's not shiny, there's no marble or golden doorknobs – it's not the WTC.'

'And we also make use of the neighbourhood, which means that we're all better off. The Turkish shop, the dry cleaner's, the Moroccan fishmonger's, the hairdresser's. The neighbourhood can be proud of us too. You can see it that way as well.'

But does the neighbourhood see it that way?

Iwan: 'It's hard to say. I wouldn't know what the people in the area think of it.'

Jolanda: 'I really don't know how people see us. This is just my house.'

A house to be proud of. Iwan deliberately doesn't go downstairs to fetch visitors when they ring the doorbell. First he wants them to go by themselves into the impersonal stainless-steel boiler (the lift), and then, when they step out onto his landing, to suddenly look out onto the courtyard: all the glass and wood, the ornamental garden with its 'Harry Potter path', the tree coming up out of the car park. Iwan stands in his doorway and enjoys watching their surprise.

'That's why I don't go and pick them up from downstairs. They have to do it themselves, discover it themselves. And they should take their time over it.'

With such a surprising sense of intimacy, it's easy to

En? Zijn ze inderdaad opnieuw verliefd geworden in Overtoomse Veld?

Jolanda: 'Het is geen supersuperbuurt, maar het heeft wel potentie. Je moet er wel doorheen kijken.

Iwan: 'IJburg kon bruin niet trekken. En dat zou ik ook niet willen. Die eilanden zijn me veel te wit. Ik vind het wel leuk hier. Zodra de vakantie begint, zie je hoe de busjes worden volgeladen om naar Marokko af te reizen. Dat deden wij vroeger ook, met de vouwwagen.'

En al wonen ze hier graag – je moet het ook niet overdrijven.

Iwan: 'Het is onroerend goed en ik ben niet getrouwd met dit huis. Het maakt je niet gelukkiger.'

Jolanda: 'Het helpt wel.'

Iwan: 'Een beetje.'

---

compare the Hof van Hoytema with the Begijnhof in Amsterdam. Iwan: 'Maybe you should see this as a modern old people's home. In twenty years we'll all still be living here. Only, in one flat, there'll be a nurse and she'll be looking after all of us.'

Because, even now, the garden creates a 'sense of togetherness'. There are 55 apartments in the Hof van Hoytema, so it's manageable.

A garden committee is being set up and the first barbecue is being organised. And if you want, you can shut the curtains and the door, and you've got your privacy, which is also nice. Iwan: 'It's friendly here, without any obligations.'

So, have they really fallen in love again with Overtoomse Veld?

Jolanda: 'It's not a tiptop area, but it does have potential. You've just got to be able to see it.'

Iwan: 'We couldn't stretch to IJburg. And I wouldn't want to either. Those islands are much too white for me. I do like it here. As soon as the holiday begins, you can see the buses being loaded up to travel to Morocco. We used to do that too, with the collapsible trailer.'

But although they like living here, you still shouldn't overdo it.

Iwan: 'It's just property and I'm not married to this building. It doesn't make you happier.'

Jolanda: 'It does help.'

Iwan: 'A little.'

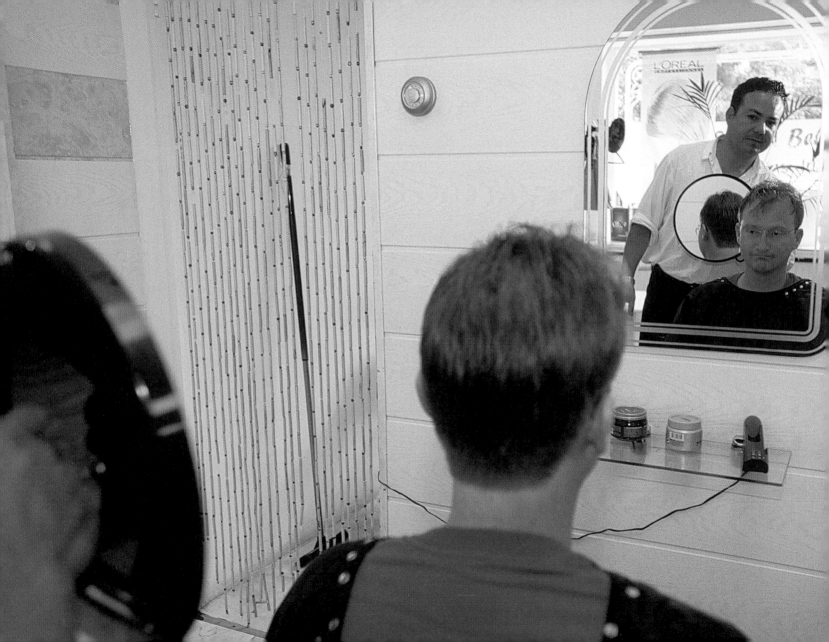

Loods met bedrijfswoning Industrial unit-cum-house

bedrijventerrein industrial estate Westerveer, Wormer

architecten architects: Ed. Bijman, Jan Klomp, Bas Liesker i.s.m. with Jan André Hoogland
opdrachtgever client: Huisman Vloerenbedrijf bv, Wormer
ontwerp – oplevering design – completion: 1992/93–1993/94
fotograaf photographer: Henriëtte Guest, Den Haag The Hague

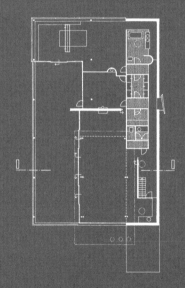

Viezezondagsgeluk
Cheering up those dreary Sundays

Een woonwijk is het niet, het industrieterreintje Westerveer in Wormer. Hun buren zijn loodsen en nog meer loodsen en één patatzaak. Maar Co en Wilma Albers, tweedegeneratie-handelaren in vloeren, willen nu eenmaal per se boven hun nieuwe zaak wonen – een loods.

En dat mag niet in Amsterdam, wonen boven Huisman Vloerenbedrijf BV, en in Wormerveer ook niet. Zo komen Co en Wilma in Wormer terecht, in het dorp van Wilma d'r zuster, en ze kiezen voor een plekje aan de rand van Westerveer, met uitzicht op de polder en de Zaan.

Je uitzicht. Je vrijheid.

Want buren – die hebben ze in Amsterdam-Noord genoeg gehad. Co en Wilma zijn toe aan vrijheid, en daar willen ze ook naar kunnen kijken. Daarom hebben ze een tweede voorwaar-de voor de ontwerpers: een dakterras, en een forse graag.

De ontwerpers – hoe kan het ook anders – laten zich inspireren door: de loods. Een woon-werkhuis in de vorm van een rechthoekig blok van metallic gevelplaten. Een blokken-doos, maar toch geen blokkendoos. Daar liggen de felrode voordeur en garagepoorten op de begane grond te diep voor naar binnen, en lijkt de luifel te veel op een baseballcap.

Bovendien: het heeft een voordeel, een blokkendoos. Je kunt alle ruimte optimaal benutten. Dik 360 vierkante meter leefruimte hebben Co en Wilma, inclusief 100 vierkante meter terras, en daarmee zijn ze er nogal op vooruit gegaan sinds hun 63 vierkante meter in Noord. Co schaft zich meteen een Pontiac Transport aan in dezelfde metallic grijs als zijn nieuwe huis. Het setje compleet.

Voorbijgangers valt het ook op. Mooi pandje, meneer, mooi pandje, en hup, weer een foto. Zo gaat dat nu al bijna negen

The small Westerveer trading estate in Wormer is not a residential area. Their neighbours are industrial units, more industrial units and one chip shop. But Co and Wilma Albers, second-generation dealers in floors, absolutely insist on living above their new business – in an industrial unit.

And living above Huisman Vloerenbedrijf BV isn't allowed in Amsterdam, and it's not allowed in Wormerveer either. Which is why Co and Wilma have found themselves in Wormer, in the village where Wilma's sister lives. They've chosen a spot on the edge of Westerveer, with a view of the polder and the Zaan.

Your view. Your freedom.

Because as far as neighbours are concerned, they had enough of them in Amsterdam-Noord. Co and Wilma are in need of freedom, and they want to be able to see it as well.

So they have a second stipulation for the designers: a roof terrace, and make it a big one, please.

The designers take their inspiration from – what else? – the industrial unit. A living-and-working house in the shape of a rectangular block of metallic façade panels. A box of bricks, yet not a box of bricks. The bright red front door and garage door on the ground floor are too deeply set for that and the canopy looks too much like a baseball cap.

Besides, a box of bricks does have an advantage. You can make optimal use of all the space. Co and Wilma have got an ample 360 square metres of living space, including 100 square metres of terrace, which means that they've progressed somewhat from their 63 square metres in Amsterdam-Noord. Co immediately bought himself a Pontiac Transport in the same metallic grey as his new house. The set was complete.

jaar. Al hebben velen moeite de woning precies te plaatsen. Die ramen daarboven, is dat nou een kantoor of woont daar echt iemand? Mensen staan onder op de stoep daadwerkelijk te gissen, en als Co en Wilma eerlijk zijn, is dat best deel van de charme van hun huis.

Wilma: 'Laat ze maar lekker raden.'

Co: 'En mensen die binnenkomen, valt de bek open van verbazing.'

Daar is dan ook reden toe.

Want de buitenkant mag dan strak zijn, en clean, futuristisch bijna, dat betekent niet dat binnen slechts halogeenlicht brandt. Het begint al met de trap naar boven – bloedrood hoogpolig tapijt en een notenhouten leuning ('Ons stukje Amstel Hotel').

Co en Wilma houden van contrast, van verrassing.

Het onverwachte. Dus is hun woonkamer een achtbaan van verschillende stijlen. Indiase kussens op een metalen bankstel, een chromen afzuigkap boven het kookeiland, een open haard met jonge naakten en druiventrossen als steunpilaren (kopietjes uit het Paleis op de Dam), een vitrine van spiegels in een hoek en dan net zo goed een Marokkaanse plafonnière. Het liefst hadden ze hun bankstel met Italiaans vlinder-en-bloemetjesmotief voor een gelijksoortige vervangen, maar die was nergens meer te krijgen. Dus staat er in de woonkamer een moderne, strakke, leren driezit. Is tenslotte ook weer eens iets anders.

Ze denken nog aan een kroonluchter, een Crystolight – Egyptische stijl, dat wil zeggen: een piramide van kristal, een kleine twee meter groot. En daar dan twee stuks van. Alleen: 'Wat wij willen, daar hangt meteen een prijskaartje aan. Heel

Passers-by also notice it. Nice house, mate, nice house, and, there you go, another photo. It's been like that for almost nine years now. Although people have problems working out precisely where the house is. Those windows up there, is it an office or does someone really live there? People stand there on the pavement guessing away, and if Co and Wilma are honest, that's a large part of their house's charm.

Wilma: 'Let them have fun guessing.'

Co: 'And when people come inside, their mouths drop open with surprise.'

With good reason.

Because though the outside might be austere, and clean, almost futuristic, that doesn't mean that it's all halogen lights on the inside. It begins with the stairs – blood-red deep-pile carpet and walnut banisters ('Our little piece of the Amstel Hotel').

Co and Wilma love contrast and surprise. The unexpected. So their living room is a roller coaster of different styles. Indian cushions on a metal lounge suite, a chrome cooker hood above the cooking island, an open hearth with young nudes and bunches of grapes as supporting pillars (copies from the Palace on Dam Square), a display case of mirrors in a corner and then a Moroccan ceiling light just for good measure. They'd have liked to replace their old lounge suite with the Italian butterflies-and-flowers design with a similar one, but they couldn't get hold of one anywhere. So in the living room there's a modern, simple leather three-seater. Which is also another different style, after all.

They're still considering a chandelier, a Crystolight one – Egyptian style, meaning: a pyramid of crystal, just shy of two metres. And two of them, if you please. But: 'Whatever we

raar. Het is een bepaalde smaak, ik weet ook niet wat het is.'

Dan: het terras, achter de acht meter lange schuifpui, volgens de leverancier de grootste van Nederland. Zie hier het ongelijk van de makelaar en zijn eeuwige 'weet je wat mensen willen: een huis en een tuin'. Co en Wilma willen geen tuin, alsjeblieft niet zeg, maar ze willen wel buiten zitten. Op hun terras, hun openluchthuiskamer eigenlijk, staat genoeg groen in de vele, vele bloempotten, de meeste zo groot als een schaaktafeltje.

Hun uitzicht is een schilderij, met de balustrade en de dakrand als lijst, al hebben ze die inmiddels zandgeel geverfd. Dat was toch net even wat frisser en vrolijker dan dat wit. Wit is ook maar wit tenslotte.

Recht vooruit kijken ze op de Zaan en haar prachtige oude industrie, en in het oosten zien ze de zon opkomen achter de koeien en de weilanden richting Purmerend. Jammer alleen van de bouwdrift van de overbuurman. Sindsdien hangen vitrages in de woonkamer, en aan de oostelijk hoek van het terras staat een tuinhuisje – Gamma-stijl.

Al heeft die zijn langste tijd gehad. Gezellig, zo'n houten tuinhuisje op je terras, maar vanaf de straat is het geen gezicht natuurlijk. Wilma: 'En daar wil je toch rekening mee houden.'

De noodzaak als opberghok blijkt inmiddels ook wel mee te vallen – een kratje Warsteiner, een vuurpot, een hogedrukreiniger – en dat het huisje detoneert met de rest van hun woning, dat begrijpen Co en Wilma ook wel. Ze durfden hun aanschaf zelfs nauwelijks aan de architecten te vertellen. Maar kom op, het is hún terras, en dus hún gezellige tuinhuisje.

want, there's always a hefty price tag attached to. Very strange. It's a particular taste; I don't really know what it is either.'

Then there's the terrace, behind the eight-metre-long sliding patio doors, which the supplier says is the largest in the Netherlands. It just goes to show how wrong the estate agents are with their eternal mantra: 'you know what people want – a house with a garden'. Co and Wilma don't want a garden – no, please, we'd really rather not – but they do want to sit outside. On their terrace, their open-air living room actually, there's enough green in the many, many flowerpots, most of which are as big as a chess table.

Their view is a painting, with the balustrade and the edge of the roof as the frame, though they have repainted them in sandy yellow. It's just that it was a little more lively and cheerful than the white. White is just white, after all's said and done.

Straight ahead, they look onto the Zaan and the wonderful old industrial landscape, and in the east they can see the sun rising behind the cows and the meadows towards Purmerend. It's just a pity about the man opposite and his passion for building. Since he started, they've had net curtains in the living room, and on the east corner of the terrace there's a summerhouse – mass-market-style.

Although it's time that went, really. It's nice, having a wooden summerhouse on your terrace, but it's not much of a sight from the street, of course. Wilma: 'And you really need to bear that in mind.'

Although the storage space has also proved useful – a crate of Warsteiner, a brazier, a high-pressure cleaner –

Trouwens, een Gamma-huisje is het bepaald niet. Vierduizend gulden, meneer, bij een echt timmerbedrijf. Ach, de vogeltjes hebben veel plezier van de pindaslinger aan de dakrand.

Maar bij nader inzien past de houten hut dus toch niet in de verder vrij strakke sfeer van het balkon, te beginnen met de groene sfeerverlichting in de dakrand. Dat had Co op Bonaire gezien, en hij vond het wel gezellig. Nee, niet spacy – meer zoals de Efteling. Weer dat contrast. Weer die bezoeker op het verkeerde been.

De architect ook trouwens.

Maar goed, er is een tijd van ontwerpen, en een tijd van wonen. De ontwerper levert het maatpak, en daarna maken de bewoners er hun eigen feestje van. Wilma: 'Anders moet je leven naar de architect.'

En een feestje hebben Co en Wilma ervan gemaakt. Ze wilden eerst nog een zwembad in de balkonvloer laten zakken, maar dat was toch iets te bewerkelijk, dus staat er nu een gigant van een jacuzzi, tweeëneenhalf bij tweeëneenhalf, vijftienhonderd liter water op 39 graden, ook als het sneeuwt. En met sfeerverlichting, dat spreekt. Kleine puntjes die steeds weer van kleur verschieten, wit, blauw, groen, rood.

Ja, Co en Wilma hebben iets met lichtpuntjes. Ze zitten ook – groen – in een baan langs de chromen buitendouche naast de jacuzzi, en in de sauna. En zo vieren Co en Wilma vakantie in eigen huis.

Draai wat lounge-muziek op de cd-speler in de jacuzzi en je waant je op het strand van Thailand – een Bacardi in de hand. Of anders doet de Rocky Mountain Suite het wel, de cd met het geluid van spuitende fonteinen,

and Co and Wilma are well aware that the summerhouse clashes with the rest of their house. They hardly even dared to tell the architects about their purchase. But, after all, it is their terrace, and it's their cosy summerhouse.

And, anyway, it really isn't such a mass-market construction. Four thousand guilders, if you please, from a real carpenter. And the birds get a lot of pleasure from the string of peanuts hanging from the edge of the roof.

But, on reflection, it has to be said that the wooden hut really doesn't fit in with the otherwise somewhat austere atmosphere of the balcony, starting with the green mood lighting around the edge of the roof. Co saw it on the island of Bonaire, and he thought it was nice. No, not 'spacy' – more like at the Efteling theme park. There's that contrast again. Wrong-footing the visitor once more.

And the architect too, in fact.

Well, anyway, there's a time for designing, and there's a time for living. The architect supplies the tailor-made suit and then the occupants do their own accessorising. Wilma: 'Otherwise the architect's telling you how to live your life.'

And Co and Wilma really have done some accessorising. First they wanted to sink a swimming pool into the floor of the balcony, but that was a little too laborious, so now they've got a giant of a jacuzzi, two-and-a-half metres by two-and-a-half metres, fifteen hundred litres of water at 39 degrees, even when it's snowing. And with mood lighting, of course. Little dots that keep changing colour – white, blue, green, red.

Yes, Co and Wilma have got a thing about little lights. They've also got them – green ones – set in a line alongside the chrome exterior shower next to the jacuzzi, and in the

kabbelend water, kikkers, vogels.

Blootsvoets door de sneeuw van de sauna naar de jacuzzi. Dat gevoel. Of een open sterrenhemel, ook zo'n leuk gezicht. Vooral eind juli, begin augustus zie je veel vallende sterren. Kijk, zulke dingen weet je dus als je een jacuzzi op je balkon hebt.

Wilma: 'Vooral zo'n vieze zondag. Daar maken wij een saunadag van. Een glaasje, lekker eten erbij. Terwijl iedereen in de file staat, zitten wij lekker hier.'

En heeft de architect aan dat geluk bijgedragen? Zeker, zeggen Co en Wilma. Aan de buitenkant. Binnen is er van hun ideeën niet veel meer over gebleven. Beetje bij beetje hebben ze hun eigen invulling aan het ontwerp gegeven.

Neem het erkertje in de lange gang naar de slaapkamers, speciaal gemaakt voor de doorbreking van de hal, en extra lichtinval. Wilma ('Dat vond de architect leuk') heeft het vensterbankje van de erker nog wat nut gegeven door er twee Indonesische marionetten te plaatsen.

De dubbele kolommen in de woonkamer – met opzet twee smalle in plaats van één dikke, om zo veel mogelijk ruimtelijkheid te behouden – hebben het maar net gered. Co wilde daar aanvankelijk een Ionische nepzuil omheen laten bouwen, met leeuwenkoppen. Hij heeft het toch maar niet gedaan. 'Dat was een beetje te. Het moet ook weer niet kitscherig worden.'

Men zegt wel: je moet een huis twee keer bouwen, en precies dat hebben Co en Wilma de laatste jaren gedaan.

Hij: 'Gek, hè. Futuristisch van buiten, en toch warm van binnen. Want dat kille wil ik binnen niet. Het hoeft geen bruin café te worden, maar er moet wel leven in zitten.'

sauna. And that's how Co and Wilma go on holiday at home.

Put a little lounge music on the CD player in the jacuzzi and you could imagine that you're on the beach in Thailand, a Bacardi in your hand. Or otherwise the Rocky Mountain Suite will do the job, the CD with the sound of spouting fountains, rippling water, frogs, birds.

Going bare-footed through the snow from the sauna to the jacuzzi. What a feeling. And the wide starry sky is also a nice view. Especially around the end of July, beginning of August, when you can see a lot of shooting stars. Look, that's the sort of thing you know about when you have a jacuzzi on the balcony.

Wilma: 'Particularly on one of those dreary Sundays. Then we'll turn it into a sauna day. A nice drink, good food. Everyone else is sitting in a traffic jam, but we're having fun here.'

And has the architect made a contribution to that good cheer? Definitely, say Co and Wilma. On the outside. On the inside, however, there's not much left of their ideas. Bit by bit Co and Wilma have given their own interpretation to the design.

Take the bay window in the long corridor to the bedrooms, specially made to break up the halls and provide extra light. Wilma ('The architect thought it was nice.') has given purpose to the windowsill by placing two Indonesian puppets on it.

The double pillars in the living room – the architect deliberately used two narrow ones instead of one thick one, in order to retain as much sense of space as possible – only just managed to survive. Co initially wanted to have a fake Ionic pillar built around them, complete with lions' heads.

Zij: 'Het is altijd weer heerlijk om hier binnen te stappen.'
En niet alleen als ze terugkomt van vakantie, maar ook al van
een verjaardag. 'Ik heb dan nog steeds iets van: hè, lekker.'
   Het maatpak past.

But he didn't do it. 'It was a bit over the top. After all, we don't
want it to be kitschy.'
   They say that you have to build a house twice, and that's
precisely what Co and Wilma have done in recent years.
   Co: 'Fantastic, eh? Futuristic from the outside, and yet warm
on the inside. Because I don't want that coldness inside.
It doesn't need to become a cosy brown café, but there has
to be some life to it.'
   Wilma: 'Stepping into the house is always wonderful.'
And not only when she comes back from holiday, but even just
from a birthday party. 'I always think: hey, this really is nice!'
   The tailor-made suit fits perfectly.

'Futuristisch van buiten, en toch warm van binnen. Want dat kille wil ik binnen niet. Het hoeft geen bruin café te worden, maar er moet wel leven in zitten.'

'Futuristic from the outside, and yet warm on the inside. Because I don't want that coldness inside. It doesn't need to become a cosy brown café, but there has to be some life to it.'

Kapitein Schouten: 'Een huis moet leven, hè. Eigenlijk moet het een beetje slingeren, maar dat doet het jammer genoeg niet.'

Captain Schouten: 'A house has to live, doesn't it? It really should sway a little too, but unfortunately it doesn't.'

'Zoals Vissershop was, wil je dat het bewaard blijft. Dus ik zei tegen die architect: "Je hebt goud in handen met dit wijkje. Besef dat wel."'

'You want Vissershop to be kept the way it was. So I told that architect: "You've got gold in your hands with this quarter. I hope you're aware of that."'

Vissershop, Zaanstad
214 woningen houses

architecten architects: Ed. Bijman, Jan Klomp, Bas Liesker, Bea van den Berg, Dirk van Gestel, Gerlinde Bäck, Alissa Labeur-Terwindt, Inge van Mourik
opdrachtgever client: ZVH Zaandams Vereniging Volkshuisvesting
ontwerp – oplevering design – completion: 2001–2002/06
fotograaf photographer: Kees Hummel, Amsterdam
redenering: Archimago, Amsterdam

Dorp achter de dijk
The village behind the dyke

Kapitein Schouten (of beter: kap'tein Schouten) heeft een huis als een scheepscabine. Zijn woonkamer is volgestouwd met tastbare herinneringen aan een lang, werkzaam leven op het water. Boten op schilderijen, in een fles, als kastdeur, in porselein, als luciferhouder, als asbak, verwerkt in het familiewapen, als speelgoed voor de kleinkinderen, als onderzetter, als houder van haardattributen, en van hout – met een reddingsboei als omlijsting. En in fotoboeken vol.

Kapitein Schouten: 'Een huis moet leven, hè. Eigenlijk moet het een beetje slingeren, maar dat doet het jammer genoeg niet.'

En dat geldt voor de hele wijk trouwens. Vissershop is een huis, de straten zijn de woonkamer. De bewoners – zo voelen ze dat – komen al een beetje thuis zodra ze de Zuiddijk afrijden, de Conradstraat in, en dan naar de lanen. Naar de kastanjes in de Kastanjelaan, de platanen in de Plataanlaan, de eiken, de esdoorns, de lindes, en naar de 245 arbeidershuisjes waar ze wonen. Het is een dorp op zich, deze wijk in de Zaanstreek. Tenminste, dat was het ooit. Lyrisch zijn de verhalen over een buurt waar de gordijnen nooit gesloten zijn, waar een cluster buren een krantenabonnement deelt, waar de huizen klein zijn, maar iedereen toch op straat leeft, zeker zodra de zon schijnt.

Hoewel – Anneke Hoogmoed, ook al een leven lang Vissershopper: 'Als je aan de ene kant woont, heb je aan de andere kant weinig te zoeken.'

Een dorp is blijkbaar nooit klein genoeg.

Ons kent ons – zeker. Anneke: 'Het wordt direct gesignaleerd als een vreemde de wijk inrijdt. Dan is het gelijk:

Captain Schouten (or should that be Cap'n Schouten?) has a house like a ship's cabin. His living room is crammed with tangible memories of a long, active life on the water. Boats in paintings, in a bottle, as a cupboard door, in porcelain, as a match holder, as an ashtray, incorporated into the family coat of arms, as toys for the grandchildren, as mats, as a fireside companion set, and in wood – with a life buoy as the frame. And he's got photo books full of them, too.

Captain Schouten: 'A house has to live, doesn't it? It really should sway a little too, but unfortunately it doesn't.'

And, in fact, the sense of home applies to the whole area. Vissershop is a house, the streets are the living room. The residents already feel a little as though they've come home as soon as they leave the Zuiddijk, and drive into Conradstraat, and then into the avenues. To the chestnut trees in Kastanjelaan (Chestnut Avenue), the plane trees in Plataanlaan (Plane Tree Avenue), the oaks, the maples, the lime trees, and to the 245 labourers' cottages where they live. It's a village in its own right, this area in the Zaanstreek. At least, it was once. People wax lyrical about a neighbourhood where the curtains are never closed, where a group of neighbours share a newspaper subscription, where the houses are small, but everyone lives in the street anyway, certainly whenever the sun comes out.

Although, Anneke Hoogmoed, also a life-long Vissershopper, says: 'If you live on the one side, you don't have much to do with the other side.'

A village is apparently never small enough.

It's definitely a case of birds of a feather flocking together. Anneke: 'It's noticed immediately if a stranger drives into the

hé, die ken ik niet, wie is dat, waar gaat die heen, wat is zijn doel?'

De architecten van Heren 5 hebben het zelf mogen ervaren. Tijdens een wandeling door Vissershop, om de sfeer te proeven van hun nieuwe opdracht, werden ze meteen aangeschoten door een jochie: 'Hey, jullie zijn architect zeker, hè, met van die lange zwarte jassen.'

Zo gaat dat in een dorp.

Want over de saamhorigheid van vroeger, en de gemoedelijkheid, praten ze allemaal. Ze knipten elkaars heg, de één kon een riool repareren, de ander was timmerman. Jaap Smit, ook al geboren in Vissershop: 'Allemaal gelijke mensen. Als iemand een zak pinda's had, was het al feest.'

Ooit had Vissershop een eigen wielerronde, een rondje buitenom, met de finish op de Lindelaan. De premie kwam

van de groenteboer. Tijdens het luilaktoernooi werd de hele nacht gevoetbald op het schoolplein – pilstent ernaast uiteraard. Een wc-wagen bleek tachtig gulden te kosten, dus ze bleven gewoon tegen de muur pissen. Of de dansavonden bij Kok de Kolenboer – iedereen nam zelf wat eten en drinken mee.

Kapitein Schouten: 'Dat was gezellig. Dat was één.'

Op vaste dagen kwam de orgelman. Dan legden de vrouwen de was even neer, maakten een dansje, en gaven de orgelman drie cent. (We praten nu inderdaad wel over héél lang geleden, maar dat doen Vissershoppers graag.)

In de winter – een recenter voorbeeld – werd het speelpleintje in het midden van Vissershop met dijkjes van sneeuw afgebakend, en dan werd het pleintje blank gezet

area. And then it's: hey, I don't know them, who is it, where are they going, what are they up to?'

The Heren 5 architects were able to experience this for themselves. During a walk through Vissershop, to get a feel of the atmosphere of their new assignment, they were immediately accosted by a little lad: 'Hey, you lot have got to be architects, with those long black coats.'

That's the way things are in a village.

Because they all talk about the solidarity that there used to be, and the friendliness. They'd clip each other's hedges; one of them could repair the drains; another was a carpenter. Jaap Smit, also born in Vissershop: 'Everyone was equal. If someone had a bag of peanuts, it was time for a party.'

Vissershop used to have its own cycle race, a lap around the outside of the village, with the finishing line on Lindelaan.

The prize came from the greengrocer. During the luilaktoernooi, the traditional annual 'lazybones tournament', they'd play football for the whole night in the school playground – with a beer tent next to it, of course. A Portaloo turned out to cost eighty guilders, so they just kept using the wall instead. And then there were the dance evenings at Kok the Coalman's – everyone took something to eat and drink.

Captain Schouten: 'It was great fun. The way everyone came together.'

On certain days the organ grinder would come. Then the women would put down the washing for a moment, have a little dance, and give the organ grinder three cents. (Now we're talking about a very long time ago indeed, but the Vissershoppers enjoy doing that.)

In the winter – to quote a more recent example – the play

met emmers en tuinslangen. Later kwam de brandweer gewoon even langs. IJspret in de Zaan.

Kapitein Schouten: 'Op dat plein stond ook een rozenstruik, een prachtige rozenstruik, en als je daar een voetbal inschopte, waren een paar bewoners die de bal kapotstaken. Dat is wel hard, maar de boel blijft wel netjes. Vroeger was er meer discipline, en discipline geeft vrijheid. Je weet waar je aan toe bent, en dat geeft zekerheid.'

Want van het oude stempel zijn ze wel, de Vissershoppers. Kapitein Schouten: 'Een Vissershopper is een man die dag en nacht werkt. Goede, eerlijke arbeid, meestal voor zijn gezin. En de vrouwen zijn ook apart. Ze wassen, koken, maken zelf kleren, en als er geschilderd moet worden, dan schilderen ze. Maar toen kwamen de andere mensen in de wijk, en die namen ook andere ideeën mee. Zoals het was, is het niet te houden. Het verwatert allemaal.'

Want de wijk loopt leeg. Voor de zonen en dochters is nauwelijks plek meer. Kapitein Schouten – derde generatie Vissershopper – heeft eerst zeven jaar met zijn vrouw bij zijn ouders ingewoond, voordat ze aan de beurt waren voor een eigen woning. In Vissershop kwam in die tijd pas ruimte als er iemand doodging.

Een van zijn dochters is in Vissershop gebleven, de andere drie zijn uitgewaaid. En als er nu plekken voorkomen, dan plaatst de woningbouwvereniging daar – tsja, hoe zal de Vissershopper dat eens netjes zeggen? – niet de meeste draagkrachtige Nederlanders.

Kapitein Schouten: 'Het meeste wat erbij komt, is brandhout.'

area in the middle of Vissershop was surrounded with banks of snow, and the ground would be flooded with buckets and garden hoses. Later the fire brigade would just pop round. Fun on the ice in the Zaan.

Captain Schouten: 'There was a rosebush in that play area, a wonderful rosebush, and if you kicked a football into it, there were a few residents who'd burst your ball for you. Yes, maybe it was a bit harsh, but things did stay nice and tidy. There used to be more discipline and discipline gives you freedom. You know where you stand, and that gives you security.'

Because they really are of the old school, the Vissershoppers. Captain Schouten: 'A Vissershopper is a man who works day and night. Good, honest work, mostly for his family. And the women are also special. They wash, cook, make their own clothes, and if there's some painting that needs to be done, then they'll paint. But then the other people came into the area, and they brought new ideas with them. You can't keep things the way they were. Everything becomes watered down.'

And people are leaving the area, too. There's hardly any space for sons and daughters now. Captain Schouten – a third-generation Vissershopper – and his wife lived with his parents for seven years before it was their turn to have their own house. In Vissershop at that time, space only became available when someone died.

One of his daughters has stayed in Vissershop, the other three have moved away. And when places become free now, the housing association give them to – well, how can the Vissershopper put it nicely? – not the most well-to-do Dutch people.

Jaap Smit: 'We zijn een uitstervend ras.'

Anneke Hoogmoed: 'Zoals Vissershop was, wil je dat het bewaard blijft. Dus ik zei tegen die architect: "Je hebt goud in handen met dit wijkje. Besef dat wel."'

'We beschouwen het als een ereschuld', antwoordde Heren 5.

Een hop is het stuk land onder aan een dijk dat droog komt te staan bij eb, en waar vissers hun boten parkeerden. Het Vissershop in de Zaanstreek wordt tussen 1914 en 1918 gebouwd, bedoeld om de arbeiders uit de streek een fatsoenlijk onderkomen te bieden. Maar hoewel de woningen, zeker voor die tijd, behoorlijk comfortabel zijn, wordt bij de bouw flink beknibbeld op de fundering. Nu, tachtig jaar later, is de wijk onherstelbaar aangevreten door palenrot – palen die nog te kort bleken ook. Het dorp zakt langzaam weg.

De woningbouwvereniging wil de wijk begin jaren tachtig al slopen en herbouwen, maar onder grote druk van de bewoners wordt besloten tot een renovatie. De keukens worden een meter groter en iedereen krijgt zelfs een douchecel. Maar dan al is de voorspelling: over vijftien jaar zijn deze woningen op.

Dus begint het in 1997 opnieuw. Ditmaal moet er een definitieve oplossing komen. Renovatie is te duur. Vissershop moet plat en worden vervangen door nieuwbouw.

Heren 5 wint de prijsvraag en besluit het oude Vissershop zo veel mogelijk in de originele staat te laten: nieuwe architectuur met een oud gevoel. De schaal blijft hetzelfde, de straten houden hun oude vorm, en de woningen ook zo

Captain Schouten: 'Most of the people who move in are wasters.'

Jaap Smit: 'We're a dying breed.'

Anneke Hoogmoed: 'You want Vissershop to be kept the way it was. So I told that architect: "You've got gold in your hands with this little place. I hope you're aware of that."'

'We regard it as a debt of honour', responded Heren 5.

A 'hop' is the piece of land at the foot of a dyke that becomes dry when the tide is out, and where fishers kept their boats. The Vissershop (fishers' hop) in the Zaanstreek was built between 1914 and 1918, and was intended to provide decent accommodation for local workers. But although the houses, certainly for the time, are quite comfortable, there was considerable skimping on the foundations during the construction. Now, eighty years on, rotting foundation piles have irreversibly undermined the area – piles that have also turned out to be too short. The village is slowly subsiding.

The housing association wanted to demolish and rebuild the area back at the beginning of the eighties, but, following a great deal of pressure from the residents, they decided to renovate. The kitchens were extended by a metre and everyone got a shower. But even then the prediction was: in fifteen years these houses will have had it.

And so it all began again in 1997. This time a definitive solution had to be found. Renovation was too expensive. Vissershop had to be flattened and replaced by a new housing development.

Heren 5 won the competition and decided to leave the old Vissershop in its original state as much as possible:

veel mogelijk. De rode mansardekappen, de dikke, witte houten kozijnen, het romantische metselwerk. De geest van Vissershop leeft door.

De ereschuld van Heren 5.

Daarna is het zaak de bewoners – van nature wantrouwend tegenover hoge heren – te overtuigen.

De Vissershoppers hebben angst. Voor het nieuwe in het algemeen, en het verlies van de identiteit van hun dorp in het bijzonder. Anneke Hoogmoed: 'Weer een stukje van de Zaan verloren, en niet een klein stukje, maar een hele wijk. En er is al zo veel cultuurhistorie gesloopt in de Zaanstreek. Er is op veel plekken al geen verschil meer met Leeuwarden of Lelystad. En als je te veel van het verleden sloopt, dan verlies je je identiteit.'

Kapitein Schouten: 'Ik had er een hard hoofd in. Als er

maar niet van die vierkante blokken komen, zoals in de Binnenzaan. Want dat is echt geen porem. Je bent bang dat de sfeer wegraakt. En het bangst waren we voor die vierkante kisten. Dus dat was effe slikken.'

Op een werkconferentie met gemeente, woningbouw-vereniging en bewonerscommissie in theater De Burcht, waar de bewoners definitief te horen krijgen dat hun wijk wordt afgebroken, heerst dan ook een rouwstemming.

Jaap Smit: 'Ik dacht: het is afgelopen. Dit komt nooit meer terug.'

De meeste bewoners lopen terneergeslagen de zaal uit. Behalve kapitein Schouten: 'Ikke niet. Ik ben gek op nieuw. Als het maar niet zo'n blok is. In zo'n huis loop je al na een uur naar buiten. Maar als ik hier zit, in dit huis, kan ik wel een week blijven zitten.'

new architecture with an old feel. The scale would stay the same; the streets would keep their old shape, and the houses would too, as far as possible. The red mansard roofs, the thick white wooden frames, the romantic brickwork. The spirit of Vissershop lives on.

Heren 5's debt of honour.

The next job was to persuade the residents, who by nature are suspicious of big shots.

The Vissershoppers were scared. They're scared of anything new in general, and of the loss of their village's identity in particular. Anneke Hoogmoed: 'Another bit of the Zaan lost, and not just a small bit, but a whole area. And so much cultural history has already been demolished in the Zaanstreek. In lots of places there's already no difference from Leeuwarden of Lelystad. And if you demolish too

much of the past, you lose your identity.'

Captain Schouten: 'I had serious misgivings about the whole idea. Just so long as they didn't put up any of those square blocks like the ones in the Binnenzaan area. Because that really is an awful sight. You're scared that the atmo-sphere is going to be lost. And it was those square boxes that scared us most of all. So we certainly did have some worrying moments.'

At a working conference with the local authority, the housing association and the residents' committee at the De Burcht theatre, where the residents were told that their houses were definitely going to be demolished, the mood was one of mourning.

Jaap Smit: 'I thought: it's over. It'll never come back.'

Most of the residents were crestfallen when they left the

Maar over het algemeen is de stemming somber. Jaap Smit vat samen: 'Godverdikkie, wat komt er van terecht? Je kent dat wel – schelden.'

De Vissershoppers lopen de hal in, recht op de kijkdoos, waarin Heren 5 de nieuwe wijk op schaal heeft nagemaakt. Om de bewoners mee te krijgen, weten ze, moeten ze iets slims verzinnen. Het is de kijkdoos geworden, een speelse manier om de bewoners een tastbaar beeld te geven van hun nieuwe wijk.

Door de wet van Murphy is de kijkdoos niet op tijd af. De maquettebouwer heeft de hele nacht doorgeklust, en zelfs als de bewoners de zaal uitkomen, zijn ze nog met boormachines in de weer.

Te springen om te kijken staan de Vissershoppers niet.

Anneke Hoogmoed kijkt uiteindelijk toch, maar pas na aandringen van andere bewoners. 'Het leek op wat we hadden, en dat stelde gerust. Zo blijft het tenminste nog een beetje vertrouwd.'

Kapitein Schouten: 'Dat ken wel zo.'

Een bouwplan wordt opgesteld. In het voorjaar van 2003 gaat de ene helft van de wijk plat, en verhuizen de bewoners tijdelijk naar elders in de wijk, of een dorp verder. In het najaar van 2004 keren ze terug op hun oude plek, in hun nieuwe woning. Dan is de andere helft van Vissershop aan de beurt. De bouw is in 2007 gereed.

Om hun verdriet handen en voeten te geven, organiseert een Amsterdamse kunstenaar een heuse uitvaarttocht. Ida van der Lee heeft de Vissershoppers gevraagd karakteristieke onderdelen van hun huis in te leveren, en van dat materiaal maakt ze een schatkist. Deuren als wanden, met

room. Except Captain Schouten: 'Not me. I love new things. As long as it's not one of those blocks. You spend just an hour in one of those buildings and you're desperate to get out. But in this house I could just carry on sitting here for a week.'

But in general the mood is a sombre one. Jaap Smit sums it up: 'Bloody hell, where's it all going to end? You know how it is – it makes you want to curse.'

The Vissershoppers came into the hall, straight up to the peepshow containing the scale model that Heren 5 had made of the new area. To win over the residents, they knew that they would have to come up with something clever. What they came up with was the peepshow, a playful way to give the residents a concrete impression of their new neighbourhood.

Murphy's Law meant that the peepshow wasn't ready in time. The model builder had worked the whole night through, but even when the residents were leaving the room, they were still working away with drills.

The Vissershoppers weren't exactly dying to take a look.

Anneke Hoogmoed did eventually look, but only after the insistence of other residents. 'It looked like what we had, so that put my mind at rest. At least it'll still be a little familiar.'

Captain Schouten: 'It'll do.'

A development plan was put together. In spring 2003 one half of the area would be demolished and the residents would temporarily move elsewhere in Vissershop or the next village. In autumn 2004 they'd return to their old neighbourhood and to their new house. Then it would be the turn of the other half of Vissershop. The construction work will be complete in 2007.

brievenbussen, deurbellen, huisnummers, zuiltjes uit de Notenlaan, zonneschermen en twee trapleuningen als dragers. Bewoners kunnen nog een laatste groet (gedichten, foto's) in de brievenbussen achterlaten.

Op 8 november 2003 is de uitvaart. In een fraai ritueel wordt de wijk ten grave gedragen. In een lange stoet, fanfare erbij, stralend zonnetje, loopt de processie door het dorp, en daarna wordt de kist, 'het geheugen van het Hop', met een takel op een boot getild, en vaart hij over de Zaan naar het Zaans Museum. Wellicht krijgt het kunstwerk straks een plekje in de lobby van Het Torentje, het nieuwe flatgebouw voor de oudere Vissershoppers.

Jaap Smit kan wel janken: 'Het voelde alsof mijn maag werd leeggezogen. Alsof je in een kermisattractie zo van hogeraf naar beneden gaat.'

Hij schrijft een gedicht ('Tien minuutjes – stond het op papier') dat hij, in zijn zondags pak, in de schatkist stopt:

'De echte Vissershopper, wat is dat voor een mens?
Die zit met één gedachte: gaat alles wel naar wens.
Hij zit maar in gedachten, hij ligt wat in de knoop.
Dat is omdat zijn buurtje, zo drastisch wordt gesloopt.
Maar we kunnen blijven lullen, één ding is toch een feit.
We zullen moeten wennen, aan de nieuwbouwnijverheid.'
Ook kapitein Schouten, de nuchtere, is ontroerd.
'Het is toch net alsof je achter een lijk aanloopt. Je brengt het weg, Vissershop. Kijk, je bivakkeert hier 76 jaar, dus dat is wel wat dat je zegt: verdomme. Van mij had het allemaal niet gehoeven. Mijn huis is niet onbewoonbaar. En daar moet je toch even overheen komen.'

In order to mark the grief of the Vissershoppers, an Amsterdam artist organised a real funeral service for them. Ida van der Lee asked the Vissershoppers to hand in characteristic components of their houses, and she then used the materials to make a treasure chest. Doors as walls, with letterboxes, doorbells, house numbers, pillars from Notenlaan, awnings and two handrails as support. Residents could deposit a last message (such as poems or photos) in the letterboxes.

The funeral service was held on 8 November 2003. The area was laid to rest with a fine ceremony. The procession, complete with a brass band and bright sunshine, moved in a long line through the village, and then the chest, 'the memory of the Hop', was hoisted onto a boat, and taken over the Zaan to the Zaans Museum. The work of art may later be given a place in the lobby of the Torentje, the new block of flats for the older Vissershoppers.

Jaap Smit was close to tears: 'It felt as though my stomach was being sucked empty. Like when you're on a fairground ride and you drop down from a height just like that.'

He wrote a poem ('Ten minutes, there it was, on paper') and, wearing his Sunday best, he put it into the treasure chest:

'The real Vissershoppers, what kind of folk are they?
They've only got one thought right now: will things go their way?
They're lost in their reflections, they don't know where they're at,
Because their homes and gardens are being bulldozed flat.
And we can keep on jawing, but there's one thing still stays true:

Jaap Smit: 'Je moet je er toch doorheen rommelen. Maar er zijn dagen dat je geen hoop ziet.'

Lente 2003. De eerste helft van Vissershop zit tegen de oplevering aan. Het bouwterrein is met hoge hekken afgesloten ('Streng verboden voor onbevoegden'), maar daar trekken de Vissershoppers zich weinig van aan. Maak hun maar eens wijs dat ze hier onbevoegd zijn.

Elke avond trekken ze, als in een ploegendienst, over de bouwvlakte, hun cascohuizen binnen. Zo'n hek is zo uit zijn voegen getild, of anders heeft iemand altijd een sleutel thuis liggen.

Staand op de nog onverharde straat – 'Kijk, we wonen op Zandvoort' – bespreken ze hun nieuwe thuis.

Een vrouw: 'Het is effe wennen. Je kunt je spulletjes niet echt kwijt.'

Haar buurman, behulpzaam: 'Dan moet je je kerel op straat gooien.'

Een andere vrouw ziet toch een nadeel in de grotere ramen: 'Ik vraag wel een vergoeding voor gordijnstof.'

Een ander: 'Je kunt wel goed naar buiten kijken.'

De vrouw: 'Echt wel. Ik blijf tien minuten zwaaien naar iedereen die voorbijkomt.'

Een meer realistische Vissershopper: 'Wat kunnen wij nou eisen voor die 350 euro huur? Als ik het aan mensen vertel, geloven ze me niet.'

De rode dakpannen vallen in de smaak. Het zijn Duitse pannen, want die zijn harder dan Nederlandse.

Jaap Smit: 'Dat waren de helmen van die Duitsers ook.'

This modern Hop is here to stay – we must accept the new.'

Even the level-headed Captain Schouten is moved. 'It really is just as though you're following a coffin. You're giving Vissershop a final farewell. Look, when you've lived here for 76 years, that really is the way you feel about it, dammit. I really don't think that all this was necessary. My house isn't uninhabitable. But you still just have to get over it.'

Jaap Smit: 'You have to muddle on. But there are days when you can't see any hope.'

Spring 2004. The first half of Vissershop is close to completion. The building site is still closed off with high fences ('Strictly no access for unauthorised persons'), but the Vissershoppers don't take it all that seriously. Try telling them they're unauthorised persons.

Every evening, as regular as shift workers, they set off across the building site and go to visit the shells of their houses. It's easy to open up that kind of fence and slip through, or there's always someone with a key lying around at home.

Standing on the as yet unsurfaced street – 'Look at all the sand. It's like living on the beach at Zandvoort!' – they discuss their new home.

One woman says: 'It's taking some getting used to. You can't just get rid of all your stuff.'

Her neighbour replies, helpfully: 'Then you'll have to chuck your bloke out instead.'

And another woman sees a disadvantage in the larger windows: 'I'm going to ask for compensation for curtain material.'

Hun humor zullen de Vissershoppers inderdaad niet zo snel verliezen, maar dat betekent niet dat ze niet graag mopperen – ook van nature. De witte latjes zijn iets te kort vindt de één, de ander baalt dat hij een vlizotrap heeft en een buurman een vaste trap. Ze steggelen over een meter te weinig tuin, of een meter te veel schaduw, of over verschillen in huur. De beroemde saamhorigheid staat onder druk.

Verhuizen, tenslotte, is stressfactor nummer drie, net na een sterfgeval.

Toch zijn ze, nu ze van de eerste schrik zijn bekomen, over hun nieuwe huizen te spreken. Anneke Hoogmoed: 'Het is anders. Het is méér huis. Al zal de woning natuurlijk nooit echt veel groter worden. De straten zijn niet van elastiek.'

Jaap Smit: 'Het zijn mooie huisjes, daar zal ik niks van zeggen. Alleen die open trap in het midden van de kamer, maar ja, daar lullen we niet over. En hadden daar geen luiken in gekund? Maar luiken, dat is iets van vroeger, hè?'

Jaap en Anneke worden buren, met uitzicht op de Zaan. En het mooiste is: als ze een bekende zien, staan ze zo buiten. Daarom zijn ze ook niet in het torentje met ouderenwoningen – onder het motto: oud worden aan de Zaan – gaan zitten. Nou ja, toren-tje. Het begon op papier met vier etages. Toen werden het er vijf, toen zes, en nu zijn het er zeven. En precies daar, op de bovenste etage, gaat kapitein Schouten wonen. Als oudste bewoner had hij de eerste keus.

'Ik heb mijn leven lang laag bij de grond gezeten, nu ga ik de hoogte in. Je moet wel eerst in de lift als je iemand ziet lopen, maar ik heb nu uitzicht over het water. Je kijkt op je werk.'

Another: 'But they are good for looking out of.'

The woman: 'They certainly are. I'll be there for ten minutes, waving at everyone who goes by.'

A more realistic Vissershopper: 'What can we expect for a rent of 350 euros? When I tell people, they don't believe me.'

The red roof tiles go down well. They're German tiles, because those are harder than Dutch ones.

Jaap Smit: 'So were the Germans' helmets.'

The Vissershoppers certainly won't be losing their sense of humour any time soon, but that doesn't mean that they don't enjoy grumbling – in fact, it comes naturally to them. One of them thinks that the white slats are a bit too short; another is cheesed off that he's got a folding loft ladder and his neighbour's got a proper staircase. They debate about a metre too few of garden, or a metre too much of shadow, or about differences in rent. That famous solidarity is under pressure.

Moving house is, after all, stress factor number three, just after bereavement.

But, now that they've recovered from the initial shock, they're happy to talk about their new houses. Anneke Hoogmoed: 'It's different. It's more of a house. Although the house can't really get much bigger, of course. The streets aren't made of elastic.'

Jaap Smit: 'They're nice houses; I'm not complaining. There is that open staircase in the middle of the room, but well, that's not what we're talking about, is it? And couldn't they have put some shutters in? But people don't really have shutters any more, do they?'

Jaap and Anneke are now neighbours, with a view of the Zaan. And the best thing is, when they see someone they

Jaap Smit maakt zich wel nog zorgen over de haagjes voor de deur. De rest van de wijk krijgt van die mooie ijzeren hekjes, maar de rij woningen langs de Zaan krijgt een haag. 'Ik hou het wel bij, maar er hoeft er maar één tussen te zitten, die zegt: "Wat moet ik met zo'n heg", en het ziet er niet meer uit.'

Jaap Smit heeft een punt, en daarom is het de bedoeling dat een ingehuurde hovenier een gelijkgeknipte haag garandeert. Dan is Jaap overstag.

'Ach, de vooruitgang hou je niet tegen.'

Bovendien: hij heeft een slaapkamer met plek voor een bed met twéé nachtkastjes. 'Heb ik eindelijk een kastje om een wekker op te zetten.'

Zal het oude Vissershop ooit nog terugkeren?

Jaap Smit: 'Als ik de bouw zie, zeg ik: ja. Maar ja, wat komt er in? En ik hoop dat we het kunnen blijven betalen. Want als wij het niet kunnen betalen, kan geen mens het betalen. En wat krijg je daar dan voor terug?' Kapitein Schouten had het eerder al over 'brandhout'. 'Als je iets moois hebt, en je wilt dat het mooi blijft, dan moet je daar ook de mensen voor hebben. Werkende mensen. Eerlijke mensen.'

Anneke Hoogmoed: 'Dit blijft wel je plekkie. De overkant van de Zaan is nog hetzelfde. Nog wel, tenminste. Want er valt nu eenmaal veel geld te verdienen aan de Zaanoever. Dat is de realiteit. Dus het is mooi dat we hier in ieder geval mogen blijven wonen. Anders waren we ook niet wegge-gaan, trouwens. Alleen met de ME. Dus ik zal er uiteindelijk wel weer aan wennen, tenslotte blijven de meeste buren dezelfden.'

Al moeten die Vissershoppers wel nog over hun huidige

know, they can be outside straightaway. That's why they didn't move into the Torentje, the building with the old people's flats – with its motto of 'Growing older by the Zaan'. Yes, the 'Torentje', the 'little' tower. On paper it began with four floors. Then it became five, then six, and now there are seven floors. And that's where Captain Schouten is going to live, up there on the top floor. As the oldest resident he had first choice.

'My whole life I've been close to the ground, and now I'm hitting the heights. If you see someone coming, you do have to get into the lift. But I've got a view over the water. I can see my old workplace.'

Jaap Smit is still worrying about the little hedges in front of the door. The rest of the neighbourhood is getting those nice little iron fences, but the row along the Zaan has a hedge. 'I can keep on top of it, but all you need is one person who says, "What am I supposed to do with a hedge?" and it soon becomes a mess.'

Jaap Smit has a point, and that's why the intention is for a paid gardener to ensure that the hedge is evenly clipped. So Jaap comes round to the idea.

'Ah, you can't stop progress.'

On top of which, he's got a bedroom with space for a bed and two bedside tables. 'I've finally got a bedside table to put my alarm clock on.'

Will the old Vissershop ever return?

Jaap Smit: 'When I see the construction work, then I say: yes. But I do wonder what's going to happen to the area. And I hope that we'll still be able to afford it. Because if we can't afford it, no one will be able to afford it. And what will

gesteggel heenstappen. Maar dat ziet kapitein Schouten wel gebeuren: 'Als straks alles weer opkomt, en in het gareel loopt, dan heb je kans dat die oude sfeer terugkomt.'

Anneke Hoogmoed: 'Misschien kunnen we straks een nieuw voetbaltoernooi organiseren. Dat zou leuk zijn. Als een nieuwe start.'

they get back for it then?' Captain Schouten was talking earlier about 'wasters'. 'If you've got something nice, and you want it to stay nice, then you need the right people. Working people. Honest people.'

Anneke Hoogmoed: 'It's still your home. The other side of the Zaan hasn't changed. At least not yet. Because, after all, there's a lot of money to be made along the Zaan. That's the reality. So it is nice that we've been able to stay here. But we wouldn't have left, anyway. Only if the riot squad had turned up. But I'll get used to it again eventually. After all, most of the neighbours are the same.'

But the Vissershoppers do still have to get over all their current debating. Captain Schouten can definitely see that happening: 'Later, when everything gets back to normal again, and it's all ticking over nicely, then there's a chance that the old atmosphere will return.'

Anneke Hoogmoed: 'Maybe we can organise a new football competition later. That would be nice. As a new start.'

Dorp achter de dijk The village behind the dyke

Projectdocumentatie
Project documentation

Dorpsplein, Nieuw-Loosdrecht

dorpsplein met marktplaats en vijver
village square with marketplace and pond

architecten architects: Ed. Bijman, Jan Klomp, Bas Liesker
i.s.m. with Jan-André Hoogland, Jaap Punt
opdrachtgever client: Gemeente Loosdrecht
ontwerp – realisatie design – construction: 1989–1997
fotograaf photographer: Michel Claus, Amsterdam

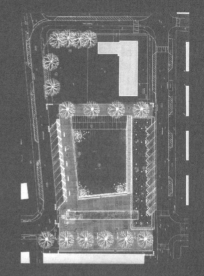

De Aker, Amsterdam
111 woningen houses

architecten architects: Ed. Bijman, Jan Klomp, Bas Liesker,
Martin Lette, Kasper Spormann
opdrachtgever client: Delta RoA, Amsterdam, projectontwikkeling
SBDN vof, Beverwijk, HBG Vastgoed bv, Rijswijk
ontwerp – realisatie design – construction: 1996–1999
fotograaf photographer: Michel Claus, Amsterdam

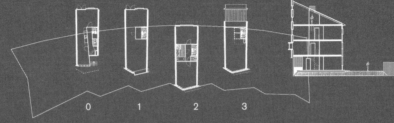

Informatiecentrum New Deal, Amsterdam
tijdelijke kantoor- en expositieruimte voor temporary office and exhibition space for Ontwikkelingsmaatschappij New Deal

architecten architects: Ed. Bijman, Jan Klomp, Bas Liesker
ontwerp interieur design of interior: i.s.m. with Lieven Bekaert vormgeving
opdrachtgever client: Ontwikkelingsmaatschappij New Deal bv, Amsterdam
ontwerp – realisatie design – construction: 1996
(winnend prijsvraagontwerp winning competition design)
fotograaf photographer: François Eyck, Eindhoven

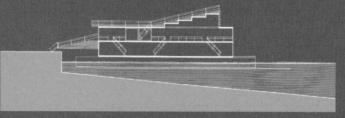

Dromen van Rome, Amsterdam

inrichting tentoonstelling voor **design of exhibition for** ARCAM, Architectuur Centrum Amsterdam

architecten **architects**: Ed. Bijman, Jan Klomp, Bas Liesker, Kasper Spormann
opdrachtgever **client**: Architectuur Centrum Amsterdam
ontwerp – realisatie **design – construction**: 1996
fotograaf **photographer**: Wim Ruigrok, Amsterdam

Wachters op de dijk, Saendelft

8 vrijstaande dijkwoningen detached dyke houses

architecten architects: Ed. Bijman, Jan Klomp, Bas Liesker, Bea van den Berg, Merijn de Jong, Alissa Labeur-Terwindt
opdrachtgever client: OBAN Ontwikkelingsmaatschappij, Assendelft-Noord
ontwerp design: 1998
maquette model: Heren 5 architecten
fotograaf photographer: Kees Hummel, Amsterdam

Jan Steen, Amsterdam
woongebouw met 16 appartementen housing complex with 16 apartments

architecten architects: Ed. Bijman, Jan Klomp, Bas Liesker, Jacobien Hofstede, Alissa Labeur-Terwindt
opdrachtgever client: Woningbouwvereniging Eigen Haard, Amsterdam, Projecton bv, Amsterdam
ontwerp – realisatie design – construction: 1998–2003
fotograaf photographer: Kees Hummel, Amsterdam

Borneo/Sporenburg, Amsterdam

98 woningen op drie locaties in een woonmilieu met een hoge dichtheid
98 houses on three locations in a residential area with a high population density

architecten architects: Ed. Bijman, Jan Klomp, Bas Liesker, Jacobien Hofstede,
Alissa Labeur-Terwindt, Dirk van Gestel
stedenbouwkundig plan master plan: West 8
opdrachtgever client: Ontwikkelingsmaatschappij New Deal, Amsterdam
ontwerp – realisatie design – construction: 1999–2002
fotograaf photographer: Michel Claus, Amsterdam, Kees Hummel, Amsterdam

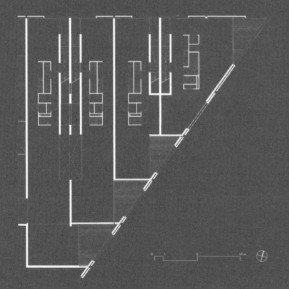

Kloostertuinen, Assen
48 woningen in een park 48 houses in a park

architecten architects: Ed. Bijman, Jan Klomp, Bas Liesker, Alissa Labeur-Terwindt
medeontwerper designed in collaboration with FARO architecten, Lisserbroek.
opdrachtgever client: Hollestelle Vastgoed Ontwikkeling, Assen,
Bouwbedrijf Hendriks, Assen
ontwerp – realisatie design – construction: 2000–2003
fotograaf photographer: Kees Hummel, Amsterdam

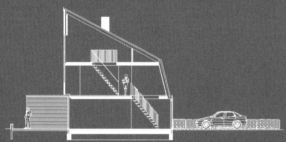

Bedrijfsgebouw, Nieuw-Vennep Zuid
bedrijventerrein industrial estate

architecten architects: Ed. Bijman, Jan Klomp, Bas Liesker,
Marika Groenewegen, Harriët Dil
opdrachtgever client: Mainland, Heemstede
ontwerp design: 2000
renderings: Archimago architectural images, Amsterdam

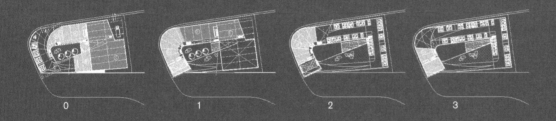

0   1   2   3

Almere

113 eengezinswoningen en 2 bedrijfsruimten
113 single family houses and 2 business premises

architecten architects: Ed. Bijman, Jan Klomp, Bas Liesker, Harriët Dil
opdrachtgever client: Woningstichting Goede Stede, Almere
ontwerp – realisatie design – construction: 2000–2004
fotograaf photographer: Kees Hummel, Amsterdam

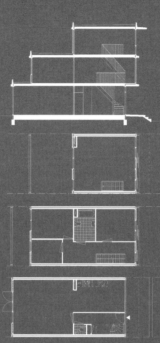

Westerdokseiland, Amsterdam

73 woningen en bedrijfsruimten rondom een collectieve cour
73 houses and business units around a collective terrace

architecten architects: Ed. Bijman, Jan Klomp, Bas Liesker, Merijn de Jong, Inge van Mourik, Klaas-Hein Veenhof
supervisie supervision Meyer & Van Schooten architecten
opdrachtgever client: The City Cour Combination (Bouwfonds Wonen bv, Smit's Bouwbedrijf, Stichting Olympus)
ontwerp design: 2003
start bouw start of construction: 2005
oplevering completion: 2007
renderings: Heren 5 architecten

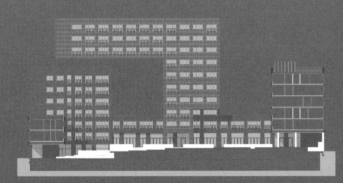

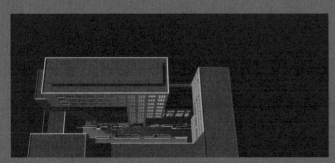

Boomgaarden, Wageningen

48 appartementen of 115 studentenkamers
48 apartments or 115 student rooms

architecten architects: Ed. Bijman, Jan Klomp, Bas Liesker, Merijn de Jong
opdrachtgever client: Stichting Sociale Huisvesting Wageningen (SSHW)
ontwerp design: 2003
realisatie construction: 2005-2006
renderings: Heren 5 architecten

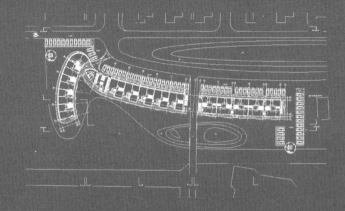

Leeuw van Vlaanderen, Amsterdam

nieuwbouw en renovatie van bestaand woongebouw langs de snelweg A10, 96 woningen

development and renovation of existing housing complex along motorway A10, 96 houses

architecten architects: Ed. Bijman, Jan Klomp, Bas Liesker, Dirk van Gestel, Klaas-Hein Veenhof
opdrachtgever client: Far West, Amsterdam, Delta Forte, Amsterdam
ontwerp design: 2003
start bouw start of construction: juni June 2004
oplevering completion: 2005
renderings: Heren 5 architecten

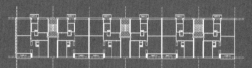

fragment bestaande situatie fragment actual situation

fragment nieuwe situatie fragment new situation

Gerensteingallery, Amsterdam

woongebouw met 112 woningen en 10170 m2 bedrijfsruimte
housing complex, 112 houses and 10170 m2 business premises

architecten architects: Ed. Bijman, Jan Klomp, Bas Liesker, Alissa Labeur-Terwindt, Dirk Schlebusch, Julliet Top
inrichting binnentuin design of inner garden: H+N+S Landschapsarchitecten
kunstenaar artist: Henri Jacobs
opdrachtgever client: Rochdale, Amsterdam, Delta Forte, Amsterdam
ontwerp design: 2003
start bouw start of construction: mei May 2005
oplevering completion: 2006

renderings: DPI Animation House, Den Haag The Hague

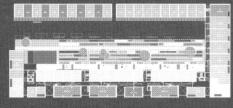

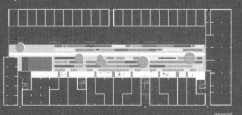

Projecten Projects

Woningbouw suburbaan
Suburban housing

- Luijksestraat, Zaandam
ca. 45 woningen houses
opdrachtgever client: Saenwonen
start bouw start of construction:
eind end of 2005
- Frieseweg, Alkmaar
72 woningen houses
opdrachtgever client: BAM woningbouw
start bouw start of construction: 2005
- De Bongerd, Amsterdam-Noord
148 woningen houses
stedenbouwkundig plan master plan:
Rudy Uytenhaak
opdrachtgever client: ODB
start bouw start of construction:
medio mid 2005
- Meerpad, Amsterdam-Noord
16 woningen houses
opdrachtgever client: Bouwfonds
Ontwikkeling bv
realisatie construction: 2006
- Saendelft deelplan partial plan 3A
(Vinex-locatie Vinex site), Zaanstad
148 woningen houses
opdrachtgever client: Vos Bouwmaat-
schappij, WBV Eigen Haard
oplevering completion: 2005
- Ypenburg-De Bras (Vinex-locatie
Vinex site), Den Haag The Hague
137 woningen houses
opdrachtgever client: Tekton projectontwikkeling Ede, Kanters Projectontwikkeling BV
realisatie construction: 2006

- Vissershop, Zaandam
231 woningen houses
opdrachtgever client: woningbouw-
vereniging ZVH
oplevering completion: 2006
- Eilandenbuurt, Almere
113 woningen en bedrijfsruimten
houses and business premises
opdrachtgever client: Goede Stede
realisatie construction: 2004
- Floriande, Hoofddorp
288 woningen in een collectieve tuin
houses in a collective garden
opdrachtgever client: Amstelland
Ontwikkeling Wonen, Intermezzo
realisatie construction: 2003
- Kloostertuinen, Assen
48 woningen houses
i.s.m. with: Faro architecten
opdrachtgever client: Hollestelle
Vastgoed Ontwikkeling
realisatie construction: 2003
- Velserbroek
urban villa met 7 appartementen
urban villa with 7 apartments
opdrachtgever client: Smits bouwbedrijf
realisatie construction: 2001
- De Aker, Amsterdam
111 woningen houses
opdrachtgever client: Delta roA SBDN
HBG vastgoed
realisatie construction: 1999
- Saendelft (Vinex-locatie Vinex site),
Zaanstad
8 dijkwoningen dyke houses
opdrachtgever client: OBAN
ontwerp design: 1998
start bouw start of construction:
niet bekend not known

- Hilversum
appartementenvilla villa with apartments
opdrachtgever client: Hillen en Roosen
ontwerp design: 1996
niet gerealiseerd not constructed
- Den Ilp
3 woningen onder 3 kappen
3 houses under three roofs
opdrachtgever client: Projecton bv
ontwerp design: 1996
niet gerealiseerd not constructed

Woningbouw binnenstedelijk
Urban housing

- IJburg, Amsterdam
blok block 14
42 woningen en parkeergarage
houses with car park
supervisie supervision: DKV architecten
opdrachtgever client: IJdelta
bouw gestart under construction
oplevering completion: 2007
- IJburg, Amsterdam
blok block 31 en and 36
94 woningen houses
opdrachtgever client: Waterstad III
start bouw start of construction:
eind end of 2005
- Puntenburg, Amersfoort
96 woningen houses
stedenbouwkundig plan master plan:
Rein Geurtsen
opdrachtgever client: Amstelland
Ontwikkeling Wonen BV
ontwerp design: 2003
niet gerealiseerd not constructed
- Westerdokseiland, Amsterdam
73 woningen met bedrijfsruimten en

parkeergarage houses with business
premises and car park
stedenbouwkundig plan master plan:
OD 205
supervisie supervision Zuidblok:
Meyer en Van Schooten
opdrachtgever client: Bouwfonds
Wonen bv-Smit's Bouwbedrijf-
Stichting Olympus
bouw gestart under construction
oplevering completion: 2007
- Merwehoofd, Papendrecht
35 woningen in drie stadsvilla's
three urban villas with 35 homes
stedenbouwkundig plan master plan:
Rein Geurtsen
opdrachtgever client: van de Vorm
Bouw bv
start bouw start of construction:
medio mid 2005
- Jan Steen, Amsterdam
Jan Steenstraat
16 appartementen apartments
opdrachtgever client: Woningbouw-
vereniging Eigen Haard, Projecton
realisatie construction: 2003
- Borneo/Sporenburg, Amsterdam
98 woningen op drie locaties
houses at three locations
stedenbouwkundig plan master plan:
West 8
opdrachtgever client: Ontwikkelingsmaatschappij New Deal
realisatie construction: 2000-2002.

Woningbouw in naoorlogse tuinsteden
Housing in post-war garden cities

- De Bosleeuw, Amsterdam
ca. 90 woningen aan de A10
houses near the A10
opdrachtgever client: Delta Forte
start bouw start of construction:
medio mid 2006
- Gerensteingallery, Amsterdam-Zuidoost
120 woningen en 1070 m² bedrijfsruimte
houses and 1070 m² business premises
opdrachtgever client: Delta Forte
start bouw start of construction:
mei May 2005
- De Leeuw van Vlaanderen, Amsterdam
96 (ver)nieuwbouw woningen langs de A10 new/partially renovated houses near the A10
opdrachtgever client: Woningstichting Rochdale, Farwest
bouw gestart under construction
oplevering completion: 2005
- Hof van Hoytema, Amsterdam
55 woningen met parkeergarage
houses with car park
opdrachtgever client: Woningstichting Rochdale
realisatie construction: 2003
- Renovatie Renovation Slotermeer II, Amsterdam
80 woningen houses
opdrachtgever client: Eigen Haard
ontwerp design: 1995
niet gerealiseerd not constructed
- Nieuw-Overdie, Alkmaar
inpassing in naoorlogse uitbreidingswijk
new houses designed to fit in with existing post-war urban development
150 woningen houses
opdrachtgever client: stichting Woonwaard
start bouw start of construction:
eind end of 2005
- Spoorwegzone Railway zone, Amersfoort
119 woningen houses
opdrachtgever client: Heilijgers projectontwikkeling bv
bouw gestart under construction
oplevering completion: 2006
- Dillenburg, Leidschendam
143 woningen, renovatie en nieuwbouw
houses, renovation and new development
opdrachtgever client: Vidomes
start bouw start of construction:
medio mid 2006

Stedenbouw, woonmilieus
Urban planning, residential areas

- Frieseweg, Alkmaar
inpassing in vooroorlogse uitbreidingswijk
new houses designed to fit in with pre-war urban development
72 woningen houses
opdrachtgever client: BAM woningbouw
start bouw start of construction: 2005
- Ypenburg-De Bras (Vinex-locatie Vinex site), Den Haag The Hague
540 woningen houses
i.s.m. with: Faro architecten
opdrachtgever client: Tekton projectontwikkeling bv
(architecten Heren 5, Faro, Architecten Associatie, Box en Dill&Bonazzi)

realisatie construction: 2006
- Schipluiden
inpassing buurt in een wijk new area within an existing neighbourhood
16 woningen houses
opdrachtgever client: Projecton bv
uitwerkend architect managing architect:
niet bekend not known
start bouw start of construction:
niet bekend not known
- Nieuw-Vennep
inpassing in een straat new houses designed to fit in with existing
20 woningen houses
opdrachtgever client: Mainland, Regiobouw
uitwerkend architect managing architect:
niet bekend not known
start bouw start of construction:
niet bekend not known
- Leidsche Rijn (Vinex-locatie Vinex site), Utrecht
192 woningen houses
opdrachtgever client: Fortis Bouwfonds
start bouw start of construction:
medio mid 2005
uitwerkend architect managing architect:
Hans Been architecten
- Laag-Koningshoef, Amsterdam
vervangende laagbouw voor gesloopte hoogbouw low-rise building to replace demolished high-rise building
283 woningen houses
opdrachtgever client: stadsdeel Zuid-Oost
realisatie construction: 2003 (uitgewerkt door elaborated by: Maaskant & Van Velzen, Tecton architecten, Paul de Ley, Neelu Boparai)

Stedenbouw, supervisie
Urban planning, supervision

- Boseilanden, Haarlemmermeer
supervisie voor de bouw van particuliere woningen op 44 vrije kavels
supervision of the construction of private houses on 44 free plots
opdrachtgever client: Gemeente Haarlemmermeer
stedenbouwkundig plan master plan:
Karres en Brands + Gemeente Haarlemmermeer
uitwerking door diverse architecten
project management by various architects
start bouw start of construction:
2006

Particuliere opdrachtgevers
Private clients

- vernieuwbouw woonhuis
new/partially renovated house, Jisp
realisatie construction: 2003
opdrachtgever client: familie van Diepen family
- dakopbouw woonhuis
rooftop unit for house Van der Leij
ontwerp design: 2002
supervisie supervision: André Volten (kunstenaar artist)
opdrachtgever client:
familie Van der Ley family
niet gerealiseerd not constructed
- Borneo-eiland, Amsterdam
kavel lot 37, beneden- en bovenwoning ground-floor and first-floor apartments

opdrachtgever client: Buro de
Binnenstad
realisatie construction: 2000
• Borneo-eiland, Amsterdam
kavel lot 49, woonhuis house
opdrachtgever client: familie Pleur-
van Duinhoven family
realisatie construction: 2000
• villa, Vinkeveen
opdrachtgever client: familie Straathof-
de Bruin family
realisatie construction: 1998
• dubbel woonhuis two-family house,
Den Ilp
opdrachtgevers clients: familie Veldkamp family, familie Overmars family
realisatie construction: 1995
• gastenverblijf bij woonhuis Dudok
guest residence for Dudok house,
Bilthoven
opdrachtgever client: familie Estourgie
family
realisatie construction: 1994
• woonhuis house Amstelhoek
ontwerp design: 1994
niet gerealiseerd not constructed
• uitbreiding woonhuis en artsenpraktijk
extension of house and doctor's practice,
Marssum
opdrachtgever client: familie Dooren
family
realisatie construction: 1990
• restauratie woonhuis restoration
of house, Amsterdam
opdrachtgever client: familie Baumann
family
realisatie construction: 1991
• twee woonhuizen two houses,
Landsmeer

opdrachtgevers clients: Kersbergen
en and Van der Linde
ontwerp design: 1990
niet gerealiseerd not constructed

Utiliteitsbouw
Industrial building

• jeugdclubhuis youth club
't gebouwtje, Amsterdam-Noord
opdrachtgever client: stadsdeel
Amsterdam-Noord
ontwerp design: 2002
niet gerealiseerd not constructed
• kantoor en bedrijfsruimte
office and business accommodation,
Nieuw-Vennep
opdrachtgever client: Mainland
realisatie construction: 2003
• hoofdkantoor head offices Hydron,
Utrecht (A2)
opdrachtgever client: Hydron
ontwerp design: 2001
niet gerealiseerd not constructed
• kantoorvilla office villa Kanaalpad,
Apeldoorn
stedenbouwkundig plan master plan:
Rein Geurtsen
opdrachtgever client: BVAPLAN
realisatie construction: eind end of
2005
• inrichting development Dorpsplein
Nieuw-Loosdrecht
opdrachtgever client: Gemeente
Loosdrecht
realisatie construction: 1997
• clubgebouw en peuterspeelzaal
clubhouse and nursery, Amsterdam-
Noord

opdrachtgever client: stadsdeel
Amsterdam-Noord
realisatie construction: 1997
• jachthaven yacht-basin
Nieuw-Loosdrecht
opdrachtgever client: Arterio
Communications
ontwerp design: 1997
niet gerealiseerd not constructed
• bedrijfsgebouw industrial building
Koggenland, De Goorn
opdrachtgever client: bouwbedrijf
J.C. Klomp bv
realisatie construction: 1996
• informatiecentrum information
centre New Deal, Amsterdam
drijvend informatiecentrum
floating information centre
opdrachtgever client: New Deal
realisatie construction: 1996
• bedrijfsgebouw industrial building,
Oostzaan
opdrachtgever client: Van Westerhoven
realisatie construction: 1995
• bedrijfsgebouw en woonhuis
industrial building and house, Wormer
opdrachtgever client:
Albers Holding bv
realisatie construction: 1994
• clubgebouw tennisvereniging
tennis clubhouse Heb Durf, Landmeer
realisatie construction: 1993

Bijzondere huisvesting (zorg)
Special accomodation (care
centres)

• Evean Lishof, Oostzaan
woonzorgcomplex (4600m² zorg-

voorzieningen en 92 woningen)
residential care centre (4600 m²
care facilities and 92 homes)
opdrachtgever client: Woonzorg
Nederland
realisatie construction: 2006
• Gerensteinvilla, Amsterdam-Zuidoost
huisvesting voor geestelijk gehandicapten housing for mentally disabled
persons
opdrachtgever client: Woningstichting
Rochdale/Philadelphia
voorlopig ontwerp preliminary design:
2003
niet gerealiseerd not constructed

Studentenhuisvesting
Student housing

• Boomgaarden, Wageningen
48 appartementen en/of 115 studen-
tenkamers 48 apartments and/or
115 student rooms
opdrachtgever client: SSHW
Wageningen
start bouw start of construction: 2005

Onderwijs en jurering
Education and jury membership

2003
• gastdocent visiting lecturer
Academie van Bouwkunst Amsterdam

2002
• afstudeerbegeleider graduation
supervisor Academie van bouwkunst
Rotterdam
• jurylid jury member Cono

- ontwerpprijsvraag voor eipoeder-fabriek design competition for egg-powder factory Cono-Westbeemster

2001– 2002
- gastdocent visiting lecturer TU Delft

2001
- opdrachtgever client: Steunpunt Cultureel Erfgoed Noord-Holland
- gastlid guest member Welstand Zaanstad

1998
- gastdocent visiting lecturer Hogeschool Holland

Onderzoek en studies
Research and studies

2003
- workshop 'Oostwal' i.s.m. with: FARO architecten, Zeinstra van der Waals architecten, Min2 architecten opdrachtgever client: Gemeente Langedijk
- 'Hengstdal' STAWON-studie naar vernieuwing naoorlogse woningbouw STAWON study into the renovation of post-war housing
- studie Hoornse buurt, study of the Hoorn area, Purmerend herinrichting woningbouwlocatie redesign of residential site opdrachtgever client: Bouwcompagnie Purmerend

2002
- 'De Schuren van Vijfhuizen' meervoudige opdracht invited competition, Vijfhuizen opdrachtgever client: Woningbedrijf Amsterdam

2001
- 'Openbaar gebouw? – Gebouwde openbaring!' STAWON-studie naar het openbaar gebouw in stedelijke context STAWON study into public buildings in an urban context
- locatiestudie site study Lippijnstraat, Amsterdam-Bos en Lommer studie naar de potenties van wonen en werken study into possibilities for living and working opdrachtgever client: Woningstichting Rochdale
- SSF Spaarndammerstraat, Amsterdam haalbaarheidsonderzoek voor feasibility study for a Short Stay Facility opdrachtgever client: Delta roA, Woningstichting Rochdale

2000
- studie districtskantoor, district office study Amsterdam (ver)nieuwbouw in de Boomkerk new/partially renovated building opdrachtgever client: Woningstichting Rochdale, stadsdeel Bos en Lommer
- visie op woonzorggebouw vision for residential care centre, Leidscheveen
- woon-werkwijk, residential and industrial area Kraanvogel-Wijchen verkavelingsstudie land-allocation study

opdrachtgever client: Johan Matser Projectontwikkeling
- 'Huiswa' studie naar woningen in een waterrijk milieu voor Vinex-locatie Nesselande study into houses in watery areas for the Nesselande Vinex site opdrachtgever client: Palmboom en van den Bout Stedenbouw-kundigen Bv en Ontwikkelingsbedrijf Rotterdam
- 'Ruwe Bolsters Blanke Pitten' visie voor verkaveling van 209 woningen, plan for allocation of land for 209 houses, scherf 7, deelgebied Terwijde area, Leidsche Rijn, Utrecht opdrachtgever client: Bouwfonds Fortis, Stichting BO-EX '91

1999
- 'Ontspannen wonen' STAWON-studie STAWON study
- 'Polderhuis' visie op groeiwoningen langs de Zuidertocht in Heerhugowaard plan for development houses along the Zuidertocht in Heerhugowaard opdrachtgever client: Bouwbedrijf de Nijs
- 'Groeten uit de Houtribsluizen' studie naar woonmilieus voor de kust van Lelystad study into residential areas along the coast by Lelystad opdrachtgever client: Gemeente Lelystad

1998
- studie woonblok study residential block Buskenblazerstraat, Amsterdam-

Bos en Lommer opdrachtgever client: woningbouw-vereniging het Oosten
- 'Silhouet' studieopdracht dijkvilla's villapark commissioned study into dyke villas in Hollandse Hout villa park Hollandse Hout, Lelystad opdrachtgever client: Cammingha-groep

1997
- 'De weelde van een grote binnentuin' woningbouwstudie housing study Hoevelaken opdrachtgever client: Vermeer Grond en Wegen BV
- studie study Landgoederenpark Schoonenberg en and stadion Zeewijk, IJmuiden/Velsen opdrachtgever client: Barrage Bouw
- 'Opnieuw verliefd in het Overtooms Veld', Westelijke Tuin-steden, Amsterdam studie revitalisering locatie study into the regeneration of a site Huize Patrimonium opdrachtgever client: stadsdeel Slotervaart-Overtoomse veld, Woningbouwstichting Patrimonium

1996
- Wonen aan de hoofdstraat van het Haveneiland IJburg, Living on the main street of the IJburg Haveneiland Am-sterdam onderzoek naar woonkwaliteit investigation into the quality of life opdrachtgever client: IJ-DELTA

1994
• 96 vakantiewoningen
holiday homes
bungalowpark bungalow park
Winkelpolder
opdrachtgever client: C. Griffioen

1993
• inrichting Noordelijke IJ-oevers
development North banks of the IJ
opdrachtgever client: stichting Noordzij
• uitbreiding extension Hotel Moulin
de Bigonville, Luxemburg
opdrachtgever client: A. Metz

Diversen
Other projects

2001
ABC, Haarlem
inrichting tentoonstelling design
of exhibition 'Heren 5 architecten'

1998
ARCAM, Amsterdam
inrichting tentoonstelling design
of exhibition 'Paramaribo'

1997
ARCAM, Amsterdam
inrichting tentoonstelling design
of exhibition 'Zuidas'

1996
ARCAM, Amsterdam
inrichting tentoonstelling design
of exhibition 'Dromen van Rome'

Publicaties Publications

• Bernard Hulsman, 'Bouwen aan buurtgevoel met gezamenlijke tuinen', *NRC Handelsblad*, 10 december December 2004
• Ron Couwenhoven, 'Slopen is een kunst', *De Telegraaf*, 30 oktober October 2004
• '"Ziel" van oude Vissershop naar nieuwbouw gebracht', *Noordhollands Dagblad*, 24 september September 2004
• Hans Ibelings, 'Voormalige buitenwijken – de omgang met bestaand stedelijk gebied', *Blad van Nederlandse Architecten*, mei May 2004
• Peter Visser 'Woongebouw Amsterdam, Heren 5 architecten' *Bouw*, mei May 2004
• Bernard Hulsman, 'Slopen, bouwen, spreiden', *NRC Handelsblad*, 27 maart March 2004
• Paul Groenendijk, 'Eiland 8, Floriande Hoofddorp', *Bouw*, no. 2, februari February 2004
• Bernard Hulsman, 'De macht van het raster', *NRC Handelsblad*, 1 november November 2003
• 'Good old Vissershop in een kilometer verhalen', *Noordhollands Dagblad*, 8 november November 2003
• Jaap-Evert Abrahamse et al., *Oostelijk Havengebied. Stedenbouw en architectuur/Eastern Harbour Docklands Amsterdam. Urbanism and Architecture*, NAi Uitgevers/Publishers, Rotterdam 2003

• Frank-Bertolt Raith, Lars Hertelt, Rob van Gool, *Inszenierte Architektur. Wohnungsbau jenseits des Standards*, DVA, Stuttgart 2003
• Bernard Hulsman, 'Permanent in vakantiestemming', *NRC Handelsblad*, 1 augustus August 2003
• Ed. Bijman, Jan Klomp, Bas Liesker, 'Over onderbuikstedenbouw en goede woonmilieus/About gut urbanism an good living environments', *Archis*, no. 1, 2003
• Hilde de Haan, 'Leisteen muren in groen, blauw en rood', *de Volkskrant*, 16 januari January 2003
• Anka van Voorthuijsen, 'Afrikaanse kleuren aan Hollandse plas', *Utrechts Nieuwsblad*, 11 januari January 2003
• Peter Visser, 'Evolutie tot grote diversiteit', *Bouw*, no. 11, november November 2002
• 'Abitare al Borneo, Heren 5, 98 housing', *Magazine Area*, januari-februari January-February 2002
• Nanska van der Laar, 'Dubbel woonhuis lijkt op riante villa', *Noordhollands Dagblad*, 30 november November 2001
• Bas Liesker, 'Ontwerp de locatie specifiek', *Stawon NB03*, november November 2001
• Bart Sorgedrager, 'Hollands dagboek', *NRC Handelsblad*, 13 oktober October 2001
• Christian Schittich (red./ed.), 'House in Amsterdam', in: *In Detail: Building Skins: Concepts, Layers, Materials*, Birkhäuser, Bazel/Basel 2001

• 'Industrieel, Dubbel woonhuis Amsterdam Borneo', *Bouw*, no. 6, 6 juni June 2001
• 'Een dozijn Heren 5', *Stadskrant Haarlem*, 23 mei May 2001
• Bernard Hulsman, 'Droomhuizen worden getemd op Borneo', *NRC Handelsblad*, 7 mei May 2001
• 'Haute couture in Corten', *Detail in Architectuur*, april April 2001
• Egbert Koster, 'Het verduurzamen van witte schimmel', *Duurzaam Bouwen*, no. 1, januari January 2001
• 'Das Niederländische Reihenhaus', *Serie und Vielfalt*, oktober October 2000
• Maarten Kloos, Dave Wendt (red./eds.), *Formats for Living. Contemporary floor plans in Amsterdam* (Arcam pocket), Architectura & Natura Press, Amsterdam 2000
• 'Afgeschermd, woonhuis Vinkeveen', *Bouw*, no. 7-8, juli-augustus July-August 2000
• Bernard Hulsman, 'Bedriegelijke nieuwbouw in De Aker', *NRC Handelsblad*, 26 april April 2000
• 'Heren 5 – porosità degli edifici per la cattura della luce', *Costruire in laterizio*, no. 74, maart-april March-April 2000
• 'Kijkcijferarchitectuur. Woningbouw op vrije kavels', *Archis*, oktober October 1999
• Monique Snoeijen, 'Blijmoedig wonen achter punthekjes', *NRC Handelsblad*, 2 oktober October 1999

- Egbert Koster, 'Een zorgvuldig geslepen edelsteen', *Detail in architectuur*, juli-augustus July-August 1999
- Bernard Hulsman, 'Een klein meesterwerk aan de Vinkeveense plassen', *NRC Handelsblad*, 25 maart March 1999
- Urs Primas, 'Berechtigte Dichte/ Justified Density', *werk, bauen + wohnen*, januari-februari January-February 1999
- Mac Veldkamp, 'De metamorfose van een oud arbeiderswoninkje', *Xtra Editie* (een uitgave van GeldXpert), herfst Fall 1998
- 'Behind the wall, verenigingsgebouw te Amsterdam Noord', *Bouw*, april April 1998
- 'Vervagende grenzen, dorpsplein te Nieuw-Loosdrecht', *Bouw*, januari January 1998
- Tineke Straatman, 'Geen muur die recht staat', *Thuis*, 3 januari January 1998
- Hans Fuchs, 'Bouwketen basis voor informatiecentrum', *Bouwwereld*, no. 23, 1997
- Janny Rodermond, 'Multifunctioneel gebruik van bouwmaterialen', *de Architect*, juli-augustus July-August 1997
- Bernard Hulsman, 'Een drijvend 'theater' van containers', *NRC Handelsblad*, 27 juni June 1997
- 'Speurtocht naar favoriet en missers', *Het Parool*, 26 juni June 1997
- Robbert Roos, 'Drie onder een kap kan heel spannend zijn', *Trouw*, 12 april April 1996

- 'Geen verzoening, gastenverblijf Bilthoven', *Bouw*, februari February 1996
- 'Dubbel woonhuis van Heren 5 architecten: sleutelen aan een type', *Archis*, februari February 1996
- 'Neo-koloniaal, clubgebouw te Landsmeer', *Bouw*, november November 1995
- *Stedelijk wonen met een eigen voordeur aan de straat*, DRO Amsterdam, 1993

Prijzen Prizes

2003
- Meervoudige opdracht, 'De Volharding', Alkmaar, in samenwerking met H+N+S, winnend plan
Invited competition, 'De Volharding', Alkmaar, in collaboration with H+N+S, winning design

2002
- Menhir Prize 2002, woonhuis Straathof-de Bruijn, eerste prijs
Menhir Prize 2002, Straathof-de Bruijn house, first prize

2000
- Meervoudige opdracht, 'Dorp achter de dijk', Vissershop Zaandam, winnend plan
Invited competition, 'Village behind the dikes', Vissershop Zaandam, winning design
- Viba ideeënprijsvraag, HTS Wiltzanghlaan, Amsterdam, tweede prijs
Viba ideas competition, Wiltzanghlaan Technical College, Amsterdam, second prize

1999
- Meervoudige opdracht, 'Intimiteit achter de dijk', Amsterdam-Noord, winnend plan
Invited competition, 'Intimity behind the dikes', Amsterdam North, winning design

1997
- Meervoudige opdracht, 'Polder Boogie Woogie', Ypenburg-De Bras, winnend plan
Invited competition, 'Polder Boogie Woogie', De Bras Ypenburg, winning design

1996
- Meervoudige opdracht, renovatie 105 woningen, Amsterdam-Slotermeer, winnend plan
Invited competition, renovation 105 housing units, Amsterdam-Slotermeer, winning design
- Charlotte Köhlerprijs
Charlotte Köhler Prize

1995
- Paviljoen New Deal pavilion, jonge Architectenprijsvraag, tweede ronde, eerste prijs
Young Architects Competition, second round, first prize

1991
- Afstudeerprijs Staal, eerste prijs
Staal Graduation Prize, first prize

1990
- Dorpsplein, Nieuw-Loosdrecht, eerste prijs
Village square, Nieuw-Loosdrecht, first prize

Bas Liesker, links left
Jan Klomp, midden centre
Ed. Bijman, rechts right

Heren 5
architecten

De namen in vet gedrukt zijn van medewerkers die momenteel bij Heren 5 architecten werken (voorjaar 2005). The people whose names are in bold print currently work for Heren 5 (Spring 2005).

Directie
Management team
Ed. Bijman
Jan Klomp
Bas Liesker

Commissaris
Strategic advisor
Marcus de Koning

Medewerkers
Staff
Gerlinde Bäck
Johannes Bellinkx
Bea van den Berg
Marina van den Bergen
Femke Dijkstra
Egbert Duijn
Dirk van Gestel
Marika Groenewegen
Merijn de Jong
Petra Ketelaars
Simea Knip
Eva Kock
Furkan Köse
Alissa Labeur-Terwindt
Inge van Mourik
Nicolien Pot
Risko Reuvers
Dirk Schlebusch
Willemijn Snoeck
Alexis Traficante
Klaas-Hein Veenhof
Debbie Verhagen
Inge van der Welle
Anke Wellekomme
Arina van Zijl

Stagiaires
Work-placement students
Joost Boshuizen
Patrick Broersen
Sjanneke Broekmeulen
Chloe Doesburg
Alexandra Feder
Basia Gajda
Susanne Hageböke
Kris Horvers
Roland Imhof
Charlotte Kokken
Kees Koning
Evi Krämer
Thomas Kranert
Hiroyuki Nakazono
Irma Obradovic
Anna Reitmanova
Jeroen de Roo
Agnes Schneiders
Debora Spagnol
Kasper Spormann
Mina Stankovic
Kristin Unrath
Joël Vermeulen
Jaap Willemsen

Freelancers / personeel op projectbasis
Freelancers / staff employed on a project basis
Jan-Willem Baijense
Bart van den Berg
Harriët Dil
Anton de Gruyl
Denise Koeleveld
Rodger van Leeuwen
Martin Lette
Steven Steenbruggen
Juliëtte Top
Jeroen de Vries

Colofon Colophon

Idee Concept: Kees Hummel, Arjan van Veelen, Heren 5 architecten, Wilma Kempinga, Amsterdam

Fotografie Photography: Kees Hummel i.s.m. with Arjan van Veelen, Amsterdam

Interviews Interviews: Hans van der Beek, Hilversum

Inleiding Introduction: Heren 5 architecten i.s.m. with Fred Feddes, Amsterdam

Samenstelling Editing: Wilma Kempinga, Heren 5 achitecten, Haico Beukers, Astrid Vorstermans

Tekstredactie Copy editing: Els Brinkman, Astrid Vorstermans, Amsterdam

Vertaling N-E Translation D-E: Laura Watkinson, Den Haag The Hague

Vormgeving Graphic design: Beukers Scholma, Haarlem

Lithografie en druk Lithography and printing: Die Keure nv, Brugge Bruges (B)

Binder Binding: Hexspoor bv, Boxtel

Uitgever Publisher: Valiz, Amsterdam

Deze publicatie kwam mede tot stand dankzij een bijdrage van het Stimuleringsfonds voor Architectuur
This publication was made possible, in part, by the Netherlands Architecture Fund

ISBN 90-808185-5-0
NUR: 648, 450

Printed and bound in Belgium

Heren 5 architecten bedankt:
Kees Hummel en Arjan van Veelen, die het basisidee voor het boek uitwerkten en een prachtige serie foto's maakten; Wilma Kempinga die dat idee toespitste via de geschreven portretten van bewoners en de ontwikkeling van de inhoud kritisch bewaakte; Hans van der Beek voor de mooie, sprankelende interviews; Inge van der Welle voor het opstellen, versturen en analyseren van de enquêteformulieren onder de 620 bewoners; Fred Feddes die onze inleiding tot een leesbare tekst wist om te zetten; de bewoners van Heren 5-woningen, van wie we veel geleerd hebben en die op allerlei manieren aan dit boek hebben meegewerkt.

Acknowledgements from Heren 5 architects: Thanks to Kees Hummel and Arjan van Veelen, who developed the underlying idea for the book and took a wonderful series of photos; Wilma Kempinga, who gave further focus to that idea with the written portraits of the residents and kept a careful eye on the contents of the book; Hans van der Beek for the marvellous, lively interviews; Inge van der Welle for formulating, sending out and analysing the survey questionnaires for the 620 residents; Fred Feddes for turning our introduction into a readable text; the residents of Heren 5 houses, who have taught us a great deal and who have contributed to this book in all sorts of different ways.

Available in the Netherlands, Belgium and Luxemburg through Centraal Boekhuis, Culemborg; Scholtens, Sittard; and Coen Sligting Bookimport, Amsterdam, NL, sligting@xs4all.nl, fax +31-(0)20-6640047

Available in Europe (except Benelux, UK and Ireland), Asia and Australia through Idea Books, Amsterdam, NL, idea@ideabooks.nl, fax +31-20-6209299

Available in the United Kingdom and Ireland through Art Data, London, UK, orders@artdata.co.uk, fax +44-208-742 2319

Available in North, South and Central America through D.A.P./Distributed Art Publishers Inc,

www.artbooks.com, fax + 212 6279484
All other questions: please contact Valiz, astrid.vorstermans@zonnet.nl

www.valiz.nl
www.heren5.nl